U0659950

新课标必读名著
名师备考丛书

编委会

丛书主编　董一菲

执行主编　张金波

本册编写　黄　姝

编委（排名不分先后）

张金波	张　茵	刘士友	刘　婧
张艳霄	王遵丽	张肖侠	王林琳
刘雨霞	李　超	刘洪涛	黄　姝
王青生	张显辉	车　坤	郑宏瑞
龙　潇	高大勇	蒙丽丽	公维桂
余卫华	谭付波	郭天明	孙玉桃
	林　喆	徐玉峰	

　　诗意语文工作室由全国中语十大学术领军人物、特级教师董一菲老师领衔。目前已广纳全国23个省、4个直辖市、3个自治区402位优秀语文教师。诗意语文追求汉语的诗意、思维的诗意、审美的诗意、文化的诗意、理性的诗意，唤醒生命中的诗意，培养师生语文核心素养。

新课标必读名著
名师备考丛书

论语　孟子

精解速读

黄姝◎导读

董一菲◎主编　张金波◎执行主编

中国国际广播出版社

目 录

《论语》

作品导读

精神的粮店，生命的色彩
——《论语》导读

　　《论语》是一部以记录春秋末年大思想家、政治家、教育家、儒家学派创始人孔子言行为主的儒家经典。"四书"之一的《论语》只20章，多记录孔子的言论；唯《乡党第十》记其生活琐事；《子张第十九》记弟子言论。北宋开国宰相赵普有"半部《论语》治天下"之说，《论语》受推崇如斯，也实乃人类精神之粮店、生命之底色、智慧之泉源！

　　《论语》是学生对老师崇敬与怀念的产物。夫子生前，弟子从而游，各记所闻；夫子死后，弟子为夫子守丧，各将所记、所闻汇集起来。读《论语》，师容宛在，师音宛存，教化的情境原汁原味。它带着弟子对恩师推崇与热爱的温度，带着弟子们勤学好思的品性，更带着传世后人的智慧，启迪影响着后人。

《论语》素材，是夫子与弟子、与时人（鲁国国君等），弟子与弟子间的问答和弟子们相互传载的师言。其核心思想是"仁"，"仁"是孔子思想的精神内核。孔子对子贡说，不要以为我的学问是一点一点积累起来的，我是找到了那个"一"，豁然开朗，一下子什么都懂了——"吾道一以贯之"。这个"一"，佛家叫"佛"，道家叫"道"，儒家则称为"仁"。"仁"是《论语》中提及最多的内容，几乎章章涉及。

其次是"礼"。"礼"是夫子一生的学问所在。孔子以"六艺"治世和教育学生，而"礼"是"六艺"之道，是社会的典章制度与道德规范。孔子说："不懂礼仪就无法立身处世。""礼仪可以坚定人的情操。"还说："礼呀！礼呀！就是说的玉帛吗？"意在告诉人们，礼乐的本质不在于玉帛，即不在行礼的具体行动，而在于移风易俗、教化民众的社会规范。

此外《论语》还涉及：君子、心灵、处世、交友、识人、教育、理想、为政、自身修养、人生甚至养生等多个方面内容。

孔子告诫君子九思：看，要考虑看清楚了没有；听，要考虑听明白了没有；神态，要考虑是否温和；体貌，要考虑是否恭敬、庄重；说话，要考虑是否诚实；处事，要考虑尽心尽力；碰到疑惑，要考虑求教；愤怒时，要考虑后患；看到了可得的利益，要考虑道义……

孔子还给普通大众描述了这样一种人生轨迹：吾十有五而志于学，三十而立，四十而不惑，五十而知天命，六十而耳顺，七十而从心所欲，不逾矩。(《论语·为政》)这一人生坐标，时时帮助我们丈量着人生的长度与宽度！

鱼不鲜，肉腐坏，不吃；颜色变了，不吃；气味难闻，不吃；烹调不当，不吃；不合时令的菜，不吃；切得不合规矩的吃食，不吃；没有放该用的酱，不吃。肉虽然能吃很多但量不该超主食。只有酒不限量，但不能喝醉……

《论语》20篇，只是些简单对话，却包含了大量的为人、处世、为政的大原则、大道理。国学大师南怀瑾先生曾形象地把孔子创始的儒家思想比作"粮食店"，可以说，《论语》中的思想，很多都是我们这个民族乃至全人类的"精神食粮"，具有不可灭、不可毁的不朽价值。但因当时对话有特定情境，又因诸弟子个人情况与理解各有不同，书中内容偶有歧异、有省略，就在所难免。初读《论语》，时代久远、形式零碎、不易亲近，其实，正如于丹所说："这个世界上的真理，永远都是朴素的，就好像太阳每天从东边升起一样；就好像春天要播种，秋天要收获一样。"这本极朴素的语录却带给后世人一种心灵的给养、生命的色彩。

主要人物

孔子

身　份： 春秋儒学创始人

别　称： 尼父，孔夫子，夫子，仲尼

生卒年： 生于公元前 544 年 9 月 28 日，卒于公元前 479 年 4 月 11 日

履　历： 孔子 3 岁丧父，少时贫寒，15 岁立志于学。30 岁，已成为很有名气的学者，收徒、办学，开创私学先河。政治上，抱负终难施展，与弟子开始了长达十四年之久的周游列国的颠沛流离生涯。先后至卫，经曹至宋，微服过宋经郑至陈，往返陈蔡多次，仍不见用。晚归鲁，尊以"国老"，但终不被重用，致力于整理文献和继续从事教育，编纂《春秋》，修订《六经》。鲁哀公十六年（前 479）孔子卒，葬于鲁城北泗水之上。

必考重点

学而第一（16条）

章节导读

"学而"是本书第一章，确有深意。

作为教育家的孔子，对于弟子们应该学什么、先学什么、后学什么、用什么方法学、用什么态度学，都有独到见解。夫子把学问分为德行、言语、政事、文章四类，说：弟子们在家孝顺长辈，出门对人尊重、友爱，谨慎处事、诚实守信，广爱众人，更亲近仁者；如果还有余力，就用来学习文化。

《论语》还告诉学子们"学而时习之""吾日三省吾身""知之为知之，不知为不知，是知也""温故而知新"……

人生在世，立足根本十分重要：修德是根，修文是叶，根深才能叶茂！

《论语》还说"孝""悌"就是仁德的根本！还说，看重贤德不看重相貌，侍奉父母尽自己的力，报效君主不惜献出生命，与朋友交往守信，即使自称还没有学好，我也一定说他是学好了。

1.1学而时习之，不亦说乎？有朋自远方来，不亦乐乎？人不知而不愠，不亦君子乎？

1.3子曰："巧言令色，鲜矣仁！"

1.6子曰："弟子入则孝，出则弟，谨而信，泛爱众，而亲仁，行有余力，则以学文。"

1.10子禽问于子贡曰："夫子至于是邦也，必闻其政，求之与，抑与之与？"子贡曰："夫子温、良、恭、俭、让以得之。夫子之求之也，其诸异乎人之求之与？"

1.13有子曰："信近于义，言可复也；恭近于礼，远耻辱也；因不失其亲，亦可宗也。"

1.14子曰："君子食无求饱，居无求安，敏于事而慎于言，就有道而正焉。可谓好学也已。"

1.15子贡曰："贫而无谄，富而无骄，何如？"子曰："可也。未若贫而乐，富而好礼者也。"子贡曰："《诗》云：'如切如磋，如琢如磨'，其斯之谓与？"子曰："赐也，始可与言《诗》已矣！告诸往而知来者。"

1. 下列加点词解释有误的一项是（　　）

A. 何有于我哉（对）

B. 学而时习之（助词，无实义）

C. 不亦君子乎（吗）

D. 必有我师焉（啊）

答案：D

2. 下列断句正确的一项是（　　）

A. 问于 / 子贡曰 / 夫子至于是邦也 / 必闻其政 / 求之与 / 抑与之与 /

B. 问于 / 子贡曰 / 夫子至于是 / 邦也必闻其政 / 求之与 / 抑与之与 /

C. 问于子贡曰 / 夫子至于是 / 邦也必闻其政 / 求之与 / 抑与之与 /

D. 问于子贡曰 / 夫子至于是邦也 / 必闻其政 / 求之与 / 抑与之与 /

答案：D

3. 翻译下列句子

（1）君子食无求饱，居无求安，敏于事而慎于言，就有道而正焉。可谓好学也已。

译文：＿＿＿＿＿＿＿＿＿＿＿＿＿＿＿＿＿＿

＿＿＿＿＿＿＿＿＿＿＿＿＿＿＿＿＿＿＿＿＿＿

答案：君子，饮食不求饱足，居住不要求舒适，对工作勤劳敏捷，说话却小心谨慎，到有道的人那里去匡正自己，这样可以说是好学了。

（2）"《诗》云：'如切如磋，如琢如磨'，其斯之谓与？"

译文：＿＿＿＿＿＿＿＿＿＿＿＿＿＿＿＿＿＿

＿＿＿＿＿＿＿＿＿＿＿＿＿＿＿＿＿＿＿＿＿＿

答案："《诗经》上说，'要像对待骨、角、象牙、玉石一样，切磋它，琢磨它'，就是讲的这个意思吧？"

4. 根据要求填写句子

（1）当别人不了解自己、误解自己时，孔子提出不要焦虑：＿＿＿＿＿＿＿＿＿＿＿＿＿＿＿＿＿＿

答案：人不知而不愠，不亦君子乎？

（2）朋友从外地来看望你，你可以引用孔子的哪一句话来表达你的心情：＿＿＿＿＿＿＿＿＿＿＿＿＿＿＿

＿＿＿＿＿＿＿＿＿＿＿＿＿＿＿＿＿＿＿＿＿＿

答案：有朋自远方来，不亦乐乎？

（3）《论语》提醒人们应该对朋友守信用的句子是：＿＿＿

＿＿＿＿＿＿＿＿＿＿＿＿＿＿＿＿＿＿＿＿

答案：与朋友交而不信乎。

（4）能体现孔子所认为的理想的青少年应做到"家庭的好子弟，社会的好成员，积极上进的好苗子"的句子是：＿＿＿

＿＿＿＿＿＿＿＿＿＿＿＿＿＿＿＿＿＿＿＿

答案：弟子入则孝，出则弟，谨而信，泛爱众，而亲仁，行有余力，则以学文。

（5）子贡说明孔子倡导盛德感化，预闻国政，强调个人智慧与修为的句子是：＿＿＿＿＿＿＿＿＿＿＿＿＿＿

答案：夫子温、良、恭、俭、让以得之。

阅读下列材料，完成 5—9 题。

子曰："学而时习之，不亦说乎？有朋自远方来，不亦乐乎？人不知而不愠，不亦君子乎？"（《论语》）

曾子曰："吾日三省吾身'为人谋而不忠乎？与朋友交而不信乎？传不习乎？（《论语》）

5. 下列加点词解释有误的一项是（ ）

A. 学而时习之（温习）

B. 不亦说乎（也）

C. 人不知而不愠（愤怒）

D. 不亦君子乎（道德上有修养的人）

答案：C

6. 解释句中划线的词、句

（1）吾日三省吾身。_____

（2）人不知而不愠，不亦君子乎？_____

（3）己所不欲，勿施于人。_____

答案：（1）省：反省。（2）人家不了解我，我也不怨恨、恼怒，不也是一个有德的君子吗？（3）自己不想要的，不要施加在别人的身上。

7. 对"三人行，必有我师焉。择其善者而从之，其不善者而改之"中两个"其"和两个"之"的分析，正确的一项是（　　）

A. 两个"其"含义相同，两个"之"含义也相同。

B. 两个"其"含义不同，两个"之"含义也不同。

C. 两个"其"含义不同，两个"之"含义相同。

D. 两个"其"含义相同，两个"之"含义不同。

答案：D

—— 解析 ——

　　两个"其"含义相同，都是"他们的，指上文'三人'";两个"之"含义不同，前者指"好的方面，即'（他们的）优点'"，后者指"不好的方面，即'缺点'"。

8. 下列分析不正确的一项是（　）

A."三人行必有我师焉"，主要阐述的是学习态度，指出要虚心向所有人学习。

B."岁寒，然后知松柏之后凋也"，比喻君子有宽广的胸怀。

C."知之为知之，不知为不知"，阐述的是做学问不能不懂装懂。

D."人不知而不愠，不亦君子乎?"用反问的语气，强调做人要有自信。别人不了解你，不代表你没有，没必要因为别人的看法而烦恼。

答案：B

—— 解析 ——

B项：喻修道的人有坚忍的力量，耐得困苦，受得磨折，不改变初心。

---

9. 在我们平时的学习生活中，你在哪些方面做得还不够，结合本章文段说说，并阐明今后的打算。

答案：这是道开放性题目，回答的语言表达只要内容符合情理即可。

—— 解析 ——

"学而时习之，不亦说乎？有朋自远方来，不亦乐乎？人不知而不愠，不亦君子乎？"如：第1句，学习方法。第2句，学习乐趣。第3句，为人态度。

阅读下面两段文字，完成10—11题。

子曰："弟子，入则孝，出则弟，谨而信，泛爱众而亲仁。行有余力，则以学文。"（《论语》）

子墨子言曰："以兼相爱交相利之法易之。……夫爱人者，人必从而爱之；利人者，人必从而利之"。（《墨子》）

10. 孔子和墨子的共同主张是什么?

答案:孔子主张"泛爱众而亲仁",墨子主张"以兼相爱",都主张爱众人。

11. 简析孔子与墨子上述主张的差异。

答案:孔子的"泛爱众"把孝悌视为根本,主张在"亲亲"基础上推己及人,孔子的爱有差等;而墨子的"兼相爱"是讲求互利的普遍之爱,无差等、无亲疏地爱众人。

为政第二(24条)

章节导读

孔子说:国君以道德治国,就像北极星,众多星星都会围绕在它周围。孔子还说:"利用政令引导人,利用刑法整治人,人们只求免于刑罚,却无廉耻心;利用道德引导人,利用礼教整治人,人们不仅有羞耻心,还能改正过失。如果每个人都有了羞耻心,都能主动改过,那么一定会具有走向文明的自觉意识。"

孔子一直抱有积极的政治态度，并教育弟子"学而优则仕"，更把"孝"与"君子"上升到从政的高度。他认为，只有孝父友兄的真君子才能进一步将国家治好。他强调孝的重点在"恭敬"，认为如果子女对父母不恭敬，那和犬马有什么区别呢？对于君子，夫子强调，君子不器，强调先行其言，强调周而不比，强调人而有信……

必考段落

2.1 子曰："为政以德，譬如北辰，居其所而众星共之。"

2.2 子曰："《诗》三百，一言以蔽之，曰'思无邪'。"

2.4 子曰："吾十有五而志于学，三十而立，四十而不惑，五十而知天命，六十而耳顺，七十而从心所欲，不逾矩。"

2.5 孟懿子问孝，子曰："无违。"樊迟御，子告之曰："孟孙问孝于我，我对曰'无违'。"樊迟曰："何谓也？"子曰："生，事之以礼；死，葬之以礼，祭之以礼。"

2.6 孟武伯问孝。子曰："父母唯其疾之忧。"

2.7 子游问孝。子曰："今之孝者，是谓能养。至于犬马，皆能有养；不敬，何以别乎？"

2.8 子夏问孝。子曰："色难。有事，弟子服其劳；有酒食，先生馔，曾是以为孝乎？"

2.11 子曰："温故而知新，可以为师矣。"

2.15 子曰："学而不思则罔，思而不学则殆。"

2.17 子曰："由，诲女知之乎！知之为知之，不知为不知，是知也。"

考点提炼

1. 下列加点词解释有误的一项是（　　）

A. 温故而知新（新的知识）

B. 可以为师矣（能够）

C. 学而不思则罔（迷惑而无所得）

D. 思而不学则殆（精神疲倦而无所得）

答案：B

2. 下列对加点词所表示的关系理解有误的一项是（　　）

A. 学而时习之（表顺承关系）

B. 人不知而不愠（表转折关系）

C. 默而识之（表修饰关系）

D. 学而不思则罔（表并列关系）

答案：D

3. 下列断句正确的一项是（　　）

A. 子夏问孝 / 子曰 / 色难 / 有事 / 弟子服其劳 / 有酒食 / 先生馔 / 曾是以为孝乎 /

B. 子夏问孝 / 子曰 / 色难 / 有事, 弟子服 / 其劳有酒食 / 先生馔 / 曾是以为孝乎 /

C. 子夏问孝 / 子曰 / 色难有事 / 弟子服 / 其劳有酒食 / 先生馔 / 曾是以为孝乎 /

D. 子夏问孝 / 子曰 / 色难有事 / 弟子服其劳 / 有酒食 / 先生馔 / 曾是以为孝乎 /

答案：A

4. 翻译下列句子

（1）吾十有五而志于学，三十而立，四十而不惑，五十而知天命，六十而耳顺，七十而从心所欲，不逾矩。

译文：_____

_____

答案：我十五岁有志于做学问；三十岁自立后言行都以事志为准绳；四十岁，（掌握了事物当然之理而）不致迷惑；五十岁，体悟天道流行赋予人之理；六十岁，（因知人、物当然之理）声入心通，没有违背；到了七十岁随其（体悟万物之理的）心的所欲行为，自然不违背法度，不勉而中。

（2）生，事之以礼；死，葬之以礼，祭之以礼。

译文：_____

_____

答案：父母活着的时候，要按礼侍奉他们；父母去世后，要按礼安葬他们，并且按时依礼祭拜他们。

5. 根据要求填写句子

（1）《论语》中强调复习的重要性的句子是：_____

_____

答案：温故而知新，可以为师矣。

（2）《论语》中孔子自述 70 岁之前的人生轨迹，对于求学、立身、明道回顾的话语是：_____

_____

答案：吾十有五而志于学，三十而立，四十而不惑，五十而知天命，六十而耳顺，七十而从心所欲，不逾矩。

（3）《论语·为政》中孔子回答"孝"的话语有：

孟懿子：_____

孟武伯：_____

子游：_____

子夏：_____

答案：孟懿子：生，事之以礼；死，葬之以礼，祭之以礼。

孟武：父母唯其疾之忧。

子游：今之孝者，是谓能养。至于犬马，皆能有养；不敬，何以别乎？

子夏：色难。有事，弟子服其劳；有酒食，先生馔，曾是以为孝乎？

八佾第三（26条）

孔子十分重"礼"，认为僭越礼制的事儿"是可忍，孰不可忍也！"孔子认为做人没仁德，还怎么能对待礼制呢？做人没仁德，还怎么能对待音乐呢？而礼和乐的根本是"仁"。也就是说礼和乐是仁的具体呈现，他认为，先有仁义，才有礼乐。孔子形象地回答子夏仁义与礼乐关系的提问，意思是洁白的绢，画上了色彩才绚丽；眼睛本来就有神韵，所以看上去才美丽；脸本来好看，所以笑起来才会漂亮。仁义是白绢，是眼神，是漂亮的脸蛋儿，礼乐是绚丽的色彩，是眼的美丽，是笑容的漂亮。

里仁第四（26条）

章节导读

"仁"，是《论语》思想核心，"里仁"是核之"家"。孔子强调"里仁为美"，如果不选择有仁德的地方居住，就不明智。又说，没仁德之人，不可能长期安于困境，也不可能长期处于安乐之境。收获"里仁"才能养好仁德。仁者可安心实行仁德，智者则善于运用仁德。

孔子教人"观过"，告诉人，观察一个人的过错，就知道他是哪一类人了，因为人的过错，与人的不同社会类别有联系。"唯仁者能好人，能恶人。"也就是，只有仁者才能公正地喜爱人，厌恶人。

他对仁极为推崇："朝闻道，夕死可矣！"即早晨懂得了仁的真谛，晚上死去也可以了。什么叫不白活？唯真正懂得了"仁"啊！

4.3 子曰:"唯仁者能好人,能恶人。"

4.4 子曰:"苟志于仁矣,无恶也。"

4.5 子曰:"富与贵是人之所欲也,不以其道得之,不处也;贫与贱是人之所恶也,不以其道得之,不去也。君子去仁,恶乎成名?君子无终食之间违仁,造次必于是,颠沛必于是。"

4.6 子曰:"我未见好仁者,恶不仁者。好仁者,无以尚之;恶不仁者,其为仁矣,不使不仁者加乎其身。有能一日用其力于仁矣乎?我未见力不足者。盖有之矣,我未见也。"

4.7 子曰:"人之过也,各于其党。观过,斯知仁矣。"

4.8 子曰:"朝闻道,夕死可矣。"

4.9 子曰:"士志于道,而耻恶衣恶食者,未足与议也。"

4.10 子曰:"君子之于天下也,无适也,无莫也,义之与比。"

4.11 子曰:"君子怀德,小人怀土;君子怀刑,小人怀惠。"

4.15 子曰:"参乎!吾道一以贯之。"曾子曰:"唯。"子出,门人问曰:"何谓也?"曾子曰:"夫子之道,忠恕而已矣。"

4.16 子曰:"君子喻于义,小人喻于利。"

4.17 子曰:"见贤思齐焉,见不贤而内自省也。"

4.18 子曰:"事父母,几谏,谏志不从,又敬不违,劳而不怨。"

4.19 子曰："父母在，不远游，游必有方。"

4.20 子曰："三年无改于父之道，可谓孝矣。"

4.21 子曰："父母之年，不可不知也，一则以喜，一则以惧。"

考点提炼

1. 翻译下列句子

（1）见贤思齐焉，见不贤而内自省也。

译文：＿＿＿＿＿＿＿＿＿＿＿＿＿＿＿＿＿＿＿

＿＿＿＿＿＿＿＿＿＿＿＿＿＿＿＿＿＿＿＿＿＿＿

答案：看见有才能的人（德才兼备的人）就向他学习，希望能向他看齐；看见不贤的人，就反省自己有没有和他一样的缺点，有要改正。

（2）事父母，几谏，谏志不从，又敬不违，劳而不怨。

译文：＿＿＿＿＿＿＿＿＿＿＿＿＿＿＿＿＿＿＿

＿＿＿＿＿＿＿＿＿＿＿＿＿＿＿＿＿＿＿＿＿＿＿

答案：事奉父母，如果父母有不对的地方，要委婉地劝说他们。（自己的意见表达了，）见父母心里不愿听从，还是要对他们恭恭敬敬，并不违抗，替他们操劳而不怨恨。

2. 根据要求填写句子

（1）《论语》中告诉我们不但要学习别人的长处，还要借鉴别人短处的句子是：＿＿＿＿＿＿＿＿＿＿

答案：见贤思齐焉，见不贤而内自省也。

（2）《论语》中写与别人相处要扬长避短的句子是：＿＿＿＿

＿＿＿＿＿＿＿＿＿＿＿＿＿＿＿＿＿＿＿＿＿＿＿＿

答案：见贤思齐焉，见不贤而内自省也。

（3）根据《论语》中的观点，当我们见到"贤"与"不贤"时，应该怎样去做?

＿＿＿＿＿＿＿＿＿＿＿＿＿＿＿＿＿＿＿＿＿＿＿＿

答案：见贤思齐焉，见不贤而内自省也。

（4）孔子说君子与小人的区别在于：＿＿＿＿＿＿＿＿

答案：君子喻于义，小人喻于利。

（5）孔子说明闻道重要性的话语是：＿＿＿＿＿＿＿＿

答案：朝闻道，夕死可矣。

（6）孔子提到如何侍奉父母的话语：＿＿＿＿＿＿＿＿

＿＿＿＿＿＿＿＿＿＿＿＿＿＿＿＿＿＿＿＿＿＿＿＿

答案：事父母，几谏，谏志不从，又敬不违，劳而不怨。父母在，不远游，游必有方。

三年无改于父之道，可谓孝矣。父母之年，不可不知也，一则以喜，一则以惧。

3. 阅读所给材料，回答问题。

《论语》对后人的思想有深刻的影响。《论语》中哪句话与下面文字的意思相仿，然后分析它们所表达的思想。

"大凡君子与君子以同道为朋，小人与小人以同利为朋，此自然之理也。"

——欧阳修《朋党论》

答案：君子喻于义，小人喻于利。表达的思想即君子交友与小人交友的本质区别在于对义与利有不同的价值取向。

阅读下面两段话，回答 4—5 题。

子曰："参乎！吾道一以贯之。"曾子曰："唯。"子出，门人问曰："何谓也？"曾子曰："夫子之道，忠恕而已矣。"

子贡曰："如有博施于民而能济众，何如？可谓仁乎？"子曰："何事于仁？必也圣乎！尧舜其犹病诸。夫仁者，己欲立而立人，己欲达而达人。能近取譬，可谓仁之方也已。"

4. 关于孔于"推己及人"的"恕"，材料中是如何表述的？请用一句原文概括。

答案："己欲立而立人，己欲达而达人"。

5. 孔子说"己所不欲，勿施于人"，结合上面的选段，请简要说明你对孔子"恕"的理解。

答案：孔子最高的道是"仁"，而"恕"是通向仁道的最基本的途径。"己欲立而立人，己欲达而达人"和"己所不欲，勿施于人"都是以推己之心来对待别人，孔子认为求仁之道不必好高骛远。孔子"推己及人"的"恕"，从爱自己推及爱父母子女，再推及爱天下的老人幼儿，孔子以自身为喻，推及他人，即是行仁之道，这种"恕"是人人都可以做到的。

公冶长第五（28条）

章节导读

今天，人智商的高低，常用 IQ 衡量，而孔子说："知人为智。"孔子识人，能够做到全面、客观。他评价公冶长说："可以把女儿嫁给他，他虽坐过牢，但并没有罪。"就真将女儿嫁给了他。评价南容："在国家升平的时候不遭废弃，在国家昏暗的时候也能免于刑罚。"于是将自己的侄女嫁给了他。孔子评人看经历，又不孤意于此；看结果又能放在不同环境中具体分析，辩证分析，所以，识人独到！

孔子评人，能一针见血。他说："我的学说得不到施行，我将乘木筏去海外，跟我去的可能是仲由吧？"子路听了很高兴。孔子又说："仲由就是勇敢精神超过了我，其他方面就没什么可取的了。"

孔子评价宁武子说，国家政治清明时，才智毕露，国家政治黑暗时，假装愚蠢呆痴。他的才智别人赶得上，他假装愚笨的能耐，别人是做不到的。

必考段落

5.9 子谓子贡曰："女与回也孰愈？"对曰："赐也何敢望回？回也闻一以知十，赐也闻一以知二。"子曰："弗如也，吾与女弗如也！"

5.10 宰予昼寝，子曰："朽木不可雕也，粪土之墙不可杇也，于予与何诛？"子曰："始吾于人也，听其言而信其行；今吾于人也，听其言而观其行。于予与改是。"

5.15 子贡问曰："孔文子何以谓之文也？"子曰："敏而好学，不耻下问，是以谓之文也。"

5.16 子谓子产："有君子之道四焉：其行己也恭，其事上也敬，其养民也惠，其使民也义。"

5.25 子曰："巧言、令色、足恭，左丘明耻之，丘亦耻之。匿怨而友其人，左丘明耻之，丘亦耻之。"

5.28 子曰："十室之邑，必有忠信如丘者焉，不如丘之好学也。"

考点提炼

1. 读下面文字，回答问题

子谓子贡曰女与回也孰愈对曰赐也何敢望回回也闻一以知十赐也闻一以知二子曰弗如也吾与女弗如也

（1）下列断句正确的一项是（　　）

A. 子谓子贡曰女与回也孰愈 / 对曰赐也 / 何敢望回回也闻一以知十赐也闻一以知二子曰弗如也 / 吾与女弗如也 /

B. 子谓子贡曰 / 女与回也孰愈 / 对口赐也 / 何敢望回 /

回也闻一以知十 / 赐也闻一以知二 / 子曰弗如也 / 吾与女弗如也 /

C. 子谓子贡曰 / 女与回也孰愈 / 对曰 / 赐也何敢望回 / 回也闻一以知十 / 赐也闻一以知二 / 子曰 / 弗如也 / 吾与女弗如也 /

D. 子谓子贡曰女与回也孰愈 / 对曰 / 赐也何敢望回 / 回也闻一以知十 / 赐也闻一以知二 / 子曰弗如也 / 吾与女弗如也 /

答案：C

（2）下列各解释正确的项是（　　）

A. 文中两个"女"，都是通假字，同"汝"。

B. 短文中，孔子与子贡对话，提到了回与赐两个人。

C. 文中两个"与"词义词性完全相同。

D. 文中"望"是"看"的意思。

答案：AC

2. 按照要求填写句子

（1）《论语》中用于表现孔子好学强于忠信的一句话是：

_____

答案：子曰："十室之邑，必有忠信如丘者焉，不如丘之好学也。"

（2）孔子对子产教导的君子之道包括：_____

答案：其行己也恭，其事上也敬，其养民也惠，其使民也义。

（3）《论语》中孔子运用比喻手法对于白天睡觉无可救药的宰予的评价的一句是：

答案：朽木不可雕也，粪土之墙不可杇也。

雍也第六（30条）

儒家主张"入世"。从孔子开始，劝导弟子入世，积极推行自己的政治主张。从弟子人生讲，可实现自身价值。本章最大的亮点，在于解读，什么样的人可以为官，如何为官，什么样的品行可为好官！孔子说："仲由行事果断，从政有什么不可以呢？端木赐通情达理，从政有什么不可以呢？冉求多才多艺，从政有什么不可以呢？"孔子认为最适合为官的弟子当推冉雍。冉雍说当官"居敬而行简"可为好官。因为，当官的心存敬重，就会在处理公务上认真踏实，谦虚慎行，不会朝令夕改；当官的处事简约，就不会繁政、扰民，百姓就会安居乐业。

颜回是老师评价最高的学生，闵子骞是另一位高材生，他的德行与颜回不相上下，为了不到越礼犯上的季氏手下做官，宁可逃到汶水北面的齐国去。

本节还讲：质朴胜于文采则粗俗，文采胜于质朴则虚浮。文采、质朴都具备，才为君子。也讲人活着必须正直、贤德才有意义，虚假、欺骗的人是靠侥幸活着的。

必考段落

6.3 哀公问："弟子孰为好学？"孔子对曰："有颜回者好学，不迁怒，不贰过。不幸短命死矣，今也则亡，未闻好学者也。"

6.7 子曰："回也，其心三月不违仁，其余则日月至焉而已矣。"

6.11 子曰："贤哉，回也！一箪食，一瓢饮，在陋巷。人不堪其忧，回也不改其乐。贤哉，回也！"

6.20 子曰：“知之者不如好之者，好之者不如乐之者。”

6.23 子曰：“知者乐水，仁者乐山；知者动，仁者静；知者乐，仁者寿。”

6.27 子曰：“君子博学于文，约之以礼，亦可以弗畔矣夫！”

6.29 子曰：“中庸之为德也，其至矣乎！民鲜久矣。”

6.30 子贡曰：“如有博施于民而能济众，何如？可谓仁乎？”子曰：“何事于仁，必也圣乎！尧、舜其犹病诸！夫仁者，己欲立而立人，己欲达而达人。能近取譬，可谓仁之方也已。”

考点提炼

1. 翻译下列句子

（1）一箪食，一瓢饮，在陋巷，人不堪其忧，回也不改其乐。

译文：＿＿＿＿＿＿＿＿＿＿＿＿＿＿＿＿＿＿＿

答案：一竹篮饭，一瓢水，住在简陋的小巷子里，别人都忍受不了这种穷困清苦，颜回却没有改变他好学的乐趣。

（2）夫仁者，己欲立而立人，己欲达而达人。能近取譬，可谓仁之方也已。

译文：_____

_____

答案：仁德的人，自己想站得住首先使别人也能站得住，自己做到通达事理首先要使别人也通达事理。凡事能就近以自己作比，而推己及人，可以说就是实行仁的方法了。

2. 根据要求填写句子

（1）孔子赞叹颜回安贫乐道的高尚品质的句子是：_____

_____

答案：一箪食，一瓢饮，在陋巷，人不堪其忧，回也不改其乐。

（2）孔子认为乐意学习的人是学习品质最为优秀的话语是：_____

答案：知之者不如好之者，好之者不如乐之者。

阅读下列材料，完成 3—4 题。

子曰："贤哉回也，一箪食，一瓢饮，在陋巷，人不堪其忧，回也不改其乐。贤哉回也。"

——《论语·雍也》

子曰："饭疏食饮水，曲肱而枕之，乐亦在其中矣。不义而富且贵，于我如浮云。"

——《论语·述而》

3.孔子为什么称赞颜回"贤哉，回也"？

_____

_____

答案：颜回吃的是粗茶淡饭，住的是简陋小屋，即使生活清苦困顿，也没有改变其好学的本性，颜回不以生活之苦而移志，却从学习、修身中得到乐趣，因此受到孔子高度赞美。

4.上面两段文字可以看出孔子怎样的苦乐观？

_____

_____

答案：孔子认为只要追求高尚的道德，尽管贫穷，也乐在其中；但如果是不合于道的富贵，就坚决不予接受。这两段文字体现孔子安贫乐道的思想。

阅读下列材料，完成5—6题。

子曰："中庸之为德也，其至矣乎！民鲜久矣！"

子贡问："师与商也孰贤？"子曰："师也过，商也不及。"曰："然则师愈与？"子曰："过犹不及。"

礼之用，和为贵，先王之道，斯为美；小大由之。有所不行，知和而和，不以礼节之，亦不可行也。

子贡问曰："乡人皆好之，何如？"子曰："未可也。""乡人皆恶之，何如？"子曰："未可也。不如乡人之善者好之，其不善者恶之。"

5. "中庸"指的是什么？

——————————————————————

——————————————————————

答案：儒家的一种主张，待人接物采取不偏不倚、调和折中的态度。

6. 根据所给的几则材料，请对孔子的中庸思想加以评价。

——————————————————————

——————————————————————

答案：孔子主张中庸，但不是无条件地折中、一味地求和，孔子的中庸仍受到礼的制约，并且有明确的是非观念。

述而第七（38条）

本章主要是孔子对学习、教育的态度和主张。孔子是教者，更是求知者的典范。从教者而言，解决了教什么，怎么教的问题。孔子从不谈怪异、暴力、悖乱、神鬼等事。他对教学内容有原则性地取舍。主张从文献知识、德行修养、忠诚于国家、诚信于朋友四个方面教诲弟子。还强调因材施教，强调教者自身要见闻广博，学不满足，强调"诲人不倦，学而不厌"。

从求知者而言，孔子强调"述而不作，信而好古"。反对在阐述古籍中不懂装懂地凭空创作。这是认真严谨的态度。孔子还强调"三人行，必有我师"，要向强于自己的人学习。他与人一道唱歌，若是别人唱得好，他一定让其示范，然后学唱。这是好学的榜样！

"仁"遥远吗？我想要"仁"，"仁"就会来到，说明对"仁"的渴求很重要！

夫子还主张"为尊者隐"，因此，即使鲁昭公有过，孔子也只归过于己。

7.2 子曰："默而识之，学而不厌，诲人不倦，何有于我哉？"

7.8 子曰："不愤不启，不悱不发，举一隅不以三隅反，则不复也。"

7.11 子谓颜渊曰："用之则行，舍之则藏，唯我与尔有是夫！"子路曰："子行三军，则谁与？"子曰："暴虎冯河，死而无悔者，吾不与也。必也临事而惧，好谋而成者也。"

7.14 子在齐闻《韶》，三月不知肉味。曰："不图为乐之至于斯也！"

7.16 子曰："饭疏食饮水，曲肱而枕之，乐亦在其中矣。不义而富且贵，于我如浮云。"

7.20 子曰："我非生而知之者，好古，敏以求之者也。"

7.22 子曰："三人行，必有我师焉。择其善者而从之，其不善者而改之。"

7.24 子曰："二三子以我为隐乎？吾无隐乎尔！吾无行

而不与二三子者，是丘也。"

7.25 子以四教：文，行，忠，信。

7.27 子钓而不纲，弋不射宿。

7.34 子曰："若圣与仁，则吾岂敢？抑为之不厌，诲人不倦，则可谓云尔已矣。"公西华曰："正唯弟子不能学也。"

7.37 子曰："君子坦荡荡，小人长戚戚。"

7.38 子温而厉，威而不猛，恭而安。

考点提炼

1. 翻译下列句子

（1）不愤不启，不悱不发，举一隅不以三隅反，则不复也。

译文：＿＿＿＿＿＿＿＿＿＿＿＿＿＿＿＿＿＿＿

＿＿＿＿＿＿＿＿＿＿＿＿＿＿＿＿＿＿＿＿＿＿

答案：不到学生努力想弄明白，但仍然想不透的程度时，先不要去开导他；不到学生心里明白，却又不能完善表达出来的程度时，也不要去启发他。如果他不能举一反三，就先不要往下进行了。

（2）暴虎冯河，死而无悔者，吾不与也。必也临事而惧，好谋而成者也。

译文：_____

_____

答案：赤手空拳和老虎搏斗，不用船只去渡河，这样一介武夫，死了都不后悔的人，我是不会和他共事的。我所共事的是那种面临任务便恐惧谨慎、善于谋略而又能完成任务的人。

（3）饭疏食饮水，曲肱而枕之，乐亦在其中矣。不义而富且贵，于我如浮云。

译文：_____

_____

答案：吃简陋的食物，喝凉水，弯曲手肘当作枕头，也乐在其中啊，用不正当的手段使自己富有、尊贵，这对我如同浮云一般。

2. 根据要求填写句子

（1）现实生活中，人们为了表明"只要虚心求教，到处都有老师"的观点时，常引用《论语》中孔子的话"_____

_____"

答案：三人行，必有我师焉。

（2）唐太宗有一句名言"以人为鉴，可以知得失。"由此我们可以联想到《论语》中孔子的话：_____

答案：择其善者而从之，其不善者而改之。

阅读材料，回答3—5题。

子曰："不愤不启，不悱不发。举一隅不以三隅反，则不复也。"　　　　　　　　　　——《论语·述而》

教人者，固以无有不教，为与善之公，而抑以有所不教，以待人之悟。故有所启焉，以开示其所未知，必待其有求通之志，而诚不能及之，自怀愤憾以不宁，乃一示以方，而欣然请事也。　　　　　　　　——王夫之《四书训义》

3. 孔子和王夫之都倡导_____的教育原则。教师"不启""不发"的目的是_____
_____（此空请从第二段文字中摘录词语回答）。

答案：启发诱导　待人之悟（或：求通）

4. 对孔子的启发式教育，强调什么？

_____

_____

答案：一、强调教育要掌握时机；二、强调教育要因势利导；三、强调教育要循序渐进。

5. 综合这两段文字，说说上述教育原则的实施对学生提出哪些要求。请择取其中一点谈谈自己的感想。

_____

_____

_____

答案：有强烈的求知欲望；有举一反三的悟性；有自主学习的能力，会自主质疑，独立思考。

参考示例：强烈的求知欲望对于学习至关重要，具有强烈的内驱力，才能更好地获取知识；学习要能够举一反三，能够根据已知的部分推测未知的部分，能够根据已学的内容了解未学的内容，这样才能真正有效地学习。

秦伯第八（21条）

章节导读

孔子的政治思想体现了他对国家、社会及民众的思考。对君王，孔子称赞秦伯多次让位季历；赞尧崇高伟大；赞舜得五贤治国；赞周文王德行高尚；赞禹无可指责，即使自己饮食菲薄也尽力孝敬神鬼，衣着粗糙祭祀时也穿上华服，居室简陋，却尽力修挖田间沙漠。

对官员，孔子说："不在其位，不谋其政。"

对民众，孔子说："一味地恭顺不懂礼就劳碌，谨慎不懂礼就胆怯，勇敢不懂礼就莽撞，直爽不懂礼就刻薄。君子对族人厚道，那么民众将日益走向仁厚；君子不遗弃故旧，民众就不会对人冷漠无情。"

必考段落

8.2 子曰："恭而无礼则劳，慎而无礼则葸，勇而无礼则乱，直而无礼则绞。君子笃于亲，则民兴于仁；故旧不遗，则民不偷。"

8.3 曾子有疾，召门弟子曰："启予足！启予手！《诗》云：'战战兢兢，如临深渊，如履薄冰。'而今而后，吾知免夫！小子！"

8.5 曾子曰："以能问于不能，以多问于寡；有若无，实若虚，犯而不校，昔者吾友尝从事于斯矣。"

8.6 曾子曰："可以托六尺之孤，可以寄百里之命，临大节而不可夺也。君子人与？君子人也。"

8.7 曾子曰："士不可以不弘毅，任重而道远。仁以为己任，不亦重乎？死而后已，不亦远乎？"

8.8 子曰："兴于《诗》，立于礼。成于乐。"

8.19 子曰："大哉尧之为君也！巍巍乎！唯天为大，唯尧则之。荡荡乎！民无能名焉。巍巍乎！其有成功也；焕乎，其有文章！"

8.20 舜有臣五人而天下治。武王曰："予有乱臣十人。"孔子曰："才难，不其然乎？唐虞之际，于斯为盛。有妇人焉，九人而已。三分天下有其二，以服事殷。周之德，其可谓至德也已矣。"

考点提炼

1.翻译下列句子

（1）士不可以不弘毅，任重而道远。仁以为己任，不亦重乎？死而后已，不亦远乎？

译文：＿＿＿＿＿＿＿＿＿＿＿＿＿＿＿＿＿

＿＿＿＿＿＿＿＿＿＿＿＿＿＿＿＿＿＿＿＿＿

答案：士不可以不弘大刚强而有毅力，因为他责任重大，道路遥远。把实现仁作为自己的责任，难道还不重大吗？奋斗终生，死而后已，难道路程还不遥远吗？

（2）曾子曰："士不可以不弘毅，任重而道远。仁以为己任，不亦重乎？死而后已，不亦远乎？"这句话对我们实现

人生价值的启示是（　　）

①实现人生价值需要社会提供一定的客观条件，要有机遇

②实现人生价值要有百折不挠、不怕失败的顽强奋斗精神

③必须树立乐观主义、集体主义价值观

④实现人生价值必须提升自身素质

A.①③　B.①④　C.②③　D.②④

答案：D

2. 翻译下列句子

（1）恭而无礼则劳，慎而无礼则葸，勇而无礼则乱，直而无礼则绞。

译文：_____

_____

答案：恭敬而不符合礼的规定，就会烦扰不安；谨慎而不符合礼的规定，就会畏缩拘谨；勇猛而不符合礼的规定，就会违法作乱；直率而不符合礼的规定，就会尖刻伤人。

（2）大哉尧之为君也！巍巍乎！唯天为大，唯尧则之。荡荡乎！民无能名焉。

译文：_____

答案：尧作为一个君主，真伟大啊！真高不可攀啊！只有天最高最大，只有尧能效法天。他的恩泽真是无处不到啊！老百姓真不知道怎么称赞他才好。

（3）以能问于不能，以多问于寡；有若无，实若虚，犯而不校。

译文：_____

_____

答案：自己有才能却向没有才能的人请教，自己知识多却向知识少的人请教；有学问却像没学问一样，知识很充实却好像很空虚，被人侵犯却不计较。

3. 根据要求填写句子

（1）《论语》强调责任重要性的句子是：_____

答案：仁以为己任，不亦重乎。

（2）《论语》中孔子认为只有胸怀宽广、意志坚定的人才能称为"士"的句子是：_____

答案：士不可以不弘毅，任重而道远。

（3）曾子借用《诗经》中的话来表达自己一生小心谨慎的话语是：_____

答案：战战兢兢，如临深渊，如履薄冰。

子罕第九（31条）

章节导读

修身养性，自律很重要。

达巷人钦佩孔子博学多才，却不完全了解孔子。有个人说："伟大呀孔子！博学多才，可惜没有可以成名的特长。"孔子听后，对学生们说："我掌握了什么？我掌握了驾车？我只懂得驾车呀！"这当然是孔子谦虚的一种说法，但孔子确实自律，约束自己不要成为某一方面的专家，所谓"君子不器"。他带头杜绝四种毛病:凭空臆想，绝对肯定，固执已见，唯我独尊。

孔子还要求做事不要半途而废，强调自谦，强调有志，强调坚定不移，强调实事求是……

9.4 子绝四：毋意，毋必，毋固，毋我。

9.6 太宰问于子贡曰："夫子圣者与，何其多能也？"子贡曰："固天纵之将圣，又多能也。"子闻之，曰："太宰知我乎？吾少也贱，故多能鄙事。君子多乎哉？不多也。"

9.11 颜渊喟然叹曰："仰之弥高，钻之弥坚；瞻之在前，忽焉在后。夫子循循然善诱人，博我以文，约我以礼。欲罢不能，既竭吾才，如有所立卓尔。虽欲从之，末由也已。"

9.16 子曰："出则事公卿，入则事父兄，丧事不敢不勉，不为酒困，何有于我哉？"

9.17 子在川上曰："逝者如斯夫！不舍昼夜。"

9.19 子曰："譬如为山，未成一篑，止，吾止也；譬如平地，虽覆一篑，进，吾往也。"

9.23 子曰："后生可畏，焉知来者之如今也？四十、五十而无闻焉，斯亦不足畏也已。"

9.26 子曰："三军可夺帅也，匹夫不可夺志也。"

9.28 子曰："岁寒，然后知松柏之后凋也。"

9.29 子曰："知者不惑，仁者不忧，勇者不惧。"

1. 下面文字断句正确的一项是（　　）

A. 颜渊喟然 / 叹曰 / 仰之弥高 / 钻之弥坚 / 瞻之在前 / 忽焉在后 / 夫子循循然善诱人 / 博我以文 / 约我以礼 / 欲罢不能 / 既竭吾才 / 如有所立卓尔 / 虽欲从之 / 末由也已 /

B. 颜渊喟然叹曰 / 仰之弥高 / 钻之弥坚 / 瞻之在前 / 忽焉在后 / 夫子循循然善诱人 / 博我以文 / 约我以礼 / 欲罢不能 / 既竭吾才 / 如有所立卓尔 / 虽欲从之 / 末由也已 /

C. 颜渊喟然 / 叹曰 / 仰之弥高 / 钻之弥坚 / 瞻之在前 / 忽焉在后 / 夫子循循然善诱人 / 博我以文 / 约我以礼 / 欲罢不能 / 既竭吾才 / 如有所立卓尔虽欲 / 从之末由也已 /

D. 颜渊喟然叹曰 / 仰之弥高 / 钻之弥坚 / 瞻之在前 / 忽焉在后 / 夫子循循然善诱人 / 博我以文 / 约我以礼 / 欲罢不能 / 既竭吾才 / 如有所立卓尔虽欲 / 从之末由也已 /

答案：B

2. 阅读下面文字，具体说说，孔子"多乎哉，不多也"的具体用意。

太宰问于子贡曰："夫子圣者与，何其多能也？"子贡曰："固天纵之将圣，又多能也。"子闻之，曰："太宰知我乎？吾少也贱，故多能鄙事。君子多乎哉？不多也。"

答案：孔子讲求道，强调学生应把精力放在学习仁义礼智信的道义上，强调君子应该更注重道德修养，而不仅仅是掌握种庄稼，种瓜果、蔬菜等各种技艺。在孔子看来，自己的"多能"是通过不断的学习和实践而获得的，是符合君子要求的。

3. 根据要求填写下列句子

（1）《论语》中讲在艰难困苦的环境中才能考验出一个人坚强不屈的品质的句子是：

答案：岁寒，然后知松柏之后凋也。

（2）孔子感叹时光易逝，以勉励自己和学生要珍惜时间求学的句子是：＿＿＿＿＿＿＿＿＿＿＿

答案：逝者如斯夫！不舍昼夜。

（3）军队的首领可以被改变，但是男子汉的志气是不能被改变的。用《论语》的话说就是：＿＿＿＿＿＿＿

答案：三军可夺帅也，匹夫不可夺志也。

（4）孔子提到要对年轻人尊重的语句是：＿＿＿＿＿＿

答案：后生可畏，焉知来者之如今也？

（5）孔子认为人过四五十岁仍然默默无闻就不足为惧的语句是：_____

答案：四十、五十而无闻焉，斯亦不足畏也已。

（6）孔子在《论语》中提出要坚决杜绝的四个毛病是：_____

答案：子绝四：毋意，毋必，毋固，毋我。

乡党第十（27条）

章节导读

孔子在家乡很温和恭顺，好像不善辞令；在宗庙、在朝廷，说话是既明白又流畅，只是慎重、少言；上朝时，和下大夫交谈，显得刚直、从容又和乐；和上大夫交谈，恭顺又温和；国君临朝，则恭敬小心、仪容得体。这与势力无关，这是君子处世之道。

饮食方面：食不厌精，脍不厌细；变质的食物不吃，酒肉不过量……

生活中，席不正，不坐；包括睡觉姿势也有约束，不要挺直身子。

许多看似严格规矩的事情，其实包含着孔子养生的道理和所提倡的礼。

先进第十一（26条）

❦章节导读

人生有三大幸运事：遇见好老师是其一。孔子弟子三千，其贤者七十二在师生交往的对话中，蕴含了哲理，也体现了师生情深。

孔子说：品德修养好的弟子是颜渊、闵子骞、冉伯牛、仲弓。口才好的弟子是宰予、子贡。有政治之才的弟子是冉有、子路。精通历史文献的弟子是子游、子夏。这十人被后人称为孔门"十哲"。孔子说："颜回的修养和学问差不多了，只是常常贫困。端木赐不守本分而去经商，推测市场行情，常常猜中。"孔子对学生了解至深，师爱至深。

子贡问:"子张和子夏哪个贤能?"孔子说:"子张过了,子夏还没赶上。"

子贡又问:"那么就是子张强一些吧?"孔子说:"过了和没赶上都差不多。"是之谓"过犹不及"。

颜渊死后,孔子说:"唉!这是老天爷要我的命呀!这是老天爷要我的命呀!"

颜渊第十二(24条)

章节导读

本章主要是问答。颜回、仲弓、司马牛,问"仁"。夫子回答颜回:"克己复礼,使言行合乎礼制,就是仁。"具体说:"非礼勿视,非礼勿听,非礼勿言,非礼勿动。"回答仲弓说:在外做事,要像会见贵宾一样;役使民众要像承办大祭那样;己所不欲,勿施于人;在官府做事无人怨恨,在家庭办事也无人怨恨。回答司马牛曰:具备仁的人,不随便说话。

问仁核心在于"克己复礼"。夫子针对不同学生做不同回答,是他对学生性格、学识准确了解后的有效教导,从一方面也体现了他的因材施教。

问君子，孔子说："君子不忧愁，不畏惧；君子成人之美，不成人之恶；君子德行像风，小人德行像草，草遇风必然服倒。"

问政，孔子说："任职不怠，办事忠诚；政即正，自己走端正之路。"

问德，孔子说："懂得先付出努力后才会有收获，不就提高了德行吗？"

问友，孔子说："忠诚规劝，好好引导，他不听从就罢了，不要自取其辱；君子以学问交朋友，依靠朋友来辅助培养仁德。"

子路第十三（30条）

章节导读

本章问政最精彩。为政主导在"以身作则"。耳熟能详者："其身正，不令而行；其身不正，虽令不从。"身先百姓，勉励他们耕作，不懈怠；如果自身端正，治理国家还有困难吗？

自身不端正，怎么去端正他人？此外为政，孔子还特别强调"正名"，所谓"名不正，言不顺！"赞成用善人为政："善人为政七年，教化人民，就能够使民为国参战。"

问君子，孔子说："君子团结不勾结，小人勾结不团结；君子宽厚不骄傲，小人骄傲不宽厚。"

问仁，孔子说："刚强、果断、朴实、慎言，就近乎仁了；在家态度恭敬，做事严肃认真，圣人忠厚诚实，即使到了夷蛮，也不能丢掉这些。"

宪问第十四（44条）

章节导读

人生活在世界上，不是孤立的自己，在如何对待人、集体、国家的问题上，如何在利益面前摆正自己，孔子有思考。

《论语》中说：贫而无怨难，富而无骄易；古人学习为了提高自己，今人学习为了表现自己；不在其位，不谋其政。

公叔文子推荐家臣僎做大夫，二人同样升任国家大臣。孔子说："公叔文子足以谥号文了。"子贡喜欢议论他人的短处，孔子说："子贡你真是个贤能的人吗？我就没有这么闲的时间。"子路和子贡都说，齐桓公逼杀了公子纠，管仲不为节义去死，还来辅佐桓公，这不对。孔子说："管仲辅佐桓公称霸诸侯，天下走上正道，百姓受他恩惠；没有管仲，我们大概还都是披头散发、衣襟儿朝左边敞开的蛮夷呢。"管仲难道会跟普通人那样恪守小信小节，暴死山沟也不被人发现吗？

卫灵公第十五（42条）

章节导读

"礼"是孔子思想的重要部分，孔子言行无时无刻不体现着"礼"。古代乐师常由盲人担任，有一位叫冕的乐师来见孔子，走到台阶上，孔子说："这是台阶。"走到座席边，孔子说："这是座席。"都坐下来了，孔子告诉他："某个人在这里，某个人在那里。"孔子说，这是接待盲人的方式。

孔子说：自己不做什么就能治理好天下的人，大约只有舜吧！舜只不过让自己恭敬、端正地面南而坐罢了。

对于仁，本节也有许多精彩之语。修"仁"，要"工欲善其事，必先利其器"，即要做到仁，就要侍奉贤者。"对自己严格要求，少责备他人，就会远离怨恨。"更要"当仁不让"。

还有好多耳熟能详的妙语："人无远虑，必有近忧""道不同不相与谋""辞达而已矣""有教无类""小不忍则乱大谋""君子病无能，不病人之不已知""君子矜而不争，群而不党"……

必考段落

15.5 子曰："无为而治者，其舜也与！夫何为哉？恭己正南面而已矣。"

15.8 子曰："可与言而不与之言，失人；不可与言而与之言，失言。知者不失人，亦不失言。"

15.9 子曰："志士仁人，无求生以害仁，有杀身以成仁。"

15.12 子曰："人无远虑，必有近忧。"

15.19 子曰："君子病无能焉，不病人之不己知也。"

15.21 子曰："君子求诸己，小人求诸人。"

15.23 子曰："君子不以言举人，不以人废言。"

15.24 子贡问曰："有一言而可以终身行之者乎？"子曰："其恕乎！己所不欲，勿施于人。"

15.27 子曰："巧言乱德，小不忍则乱大谋。"

15.30 子曰："过而不改，是谓过矣。"

15.31 子曰："吾尝终日不食，终夜不寝，以思，无益，不如学也。"

15.36 子曰："当仁不让于师。"

15.39 子曰："有教无类。"

15.40 子曰："道不同，不相为谋。"

考点提炼

1. 翻译下列句子

（1）可与言而不与之言，失人；不可与言而与之言，失言。

译文：＿＿＿＿＿＿＿＿＿＿＿＿＿＿＿＿＿＿

＿＿＿＿＿＿＿＿＿＿＿＿＿＿＿＿＿＿＿＿＿

答案：一个人可以和他讲真话，但自己怕得罪人，不对他讲真话，这就对不起人。有些人无法和他讲真话，如果对他讲真话，不但浪费，而且得罪人。

（2）君子不以言举人，不以人废言。

译文：＿＿＿＿＿＿＿＿＿＿＿＿＿＿＿＿＿＿

＿＿＿＿＿＿＿＿＿＿＿＿＿＿＿＿＿＿＿＿＿

答案：君子不因为别人说了自己喜欢的话而提拔他，不因为他是自己不喜欢的人而对他的良言存有偏见。

（3）君子病无能焉，不病人之不己知也。

译文：_____

_____

答案：君子只担心自己没有能力，不会担心别人不赏识自己。

2. 阅读下列两段文字，回答问题。

（1）可与言而不与之言，失人；不可与言而与之言，失言。知者不失人，亦不失言。

——《论语·卫灵公》

（2）士未可以言而言，是以言餂①之也；可以言而不言，是以不言餂之也。是皆穿窬②之类也。

——《孟子·尽心下》

【注】①餂（tiǎn）：探取。　②窬：从墙上爬过去。

孔子与孟子对"该不该说话"的问题观点上有何异同？请比较。

_____

答案：同：该说的话一定要说，不该说的话不能说。异：孔子所说的"失"，是属于智慧问题；孟子所说的"言"，是道德问题。

3. 根据要求填写句子

（1）儒家所倡导的待人接物的处事之道的句子是：_____

_____

答案：己所不欲，勿施于人。

（2）孔子强调尊重他人意愿的句子是：_____

_____

答案：己所不欲，勿施于人。

（3）《论语》中孔子强调大局观的话语是：_____

_____

答案：小不忍则乱大谋。

（4）集中表现孔子教学思想的话语是：_____

_____

答案：有教无类。

（5）孔子强调思想和意志相同的语句是：_____

_____

答案：道不同，不相为谋。

季氏第十六（14条）

章节导读

孔子反对战争：季氏准备攻打颛臾，孔子责备正在担任季氏家臣的冉求、子路没尽到辅佐的责任。说季氏之忧不在颛臾，而在萧墙之内。孔子督责有二：任职首先权衡能力，缺乏能力而任职是不负责任；既然任职，就不能推卸应尽的职责。

孔子警示人们：正直、诚实守信、知识广博是益者三友；邪辟、谄媚、巧言善辩是损者三友。认为以礼乐节制为乐、以称道他人好处为乐、以多交贤能朋友为乐，是益者三乐；以骄奢淫逸为乐、以闲逸游荡为乐、以酒食欢娱为乐，是损者三乐，将后患无穷。

孔子关注人的成长，告诫：少年血气未稳，戒迷恋女色；壮年血气方刚，戒争强好斗；老年血气衰退，戒贪得不舍。君子懂得敬畏天命，敬畏有道德的人，敬畏圣人之言；小人不懂天命所以不敬畏，轻视有德行的人，亵渎圣人之言。

阳货第十七（26条）

章节导读

阳货想请孔子出来做官，孔子不愿在阳货手下任职，所以采取敷衍但不失礼的做法。这便是"敬而远之"。孔子认为，对内心空虚、神色严厉的伪君子要敬而远之；对是非不明、不讲原则的人要敬而远之；对道听途说、制造谣言的人，要敬而远之；对见利忘义、唯利是图的人要敬而远之。

问仁，孔子说，能够在普天之下施行恭敬、宽厚、诚实、勤敏、慈惠这五种德行，就是仁了。而"巧言令色，鲜矣仁"！

孔子教导弟子："道听途说，就是背弃道德。"教导仲由要学习:不爱学习，只爱仁德、智慧、诚实、正直、勇敢、刚强，就会有愚昧、浪荡、损害、偏激、作乱和狂妄的弊端。

微子第十八（11条）

章节导读

本章提到了许多古代先贤，借此表达孔子身处乱世的人生思考。孔子在天下纷争的现实中，与弟子不辞劳苦，四处宣扬、推行自己的主张。然而许多人无法理解他。楚狂人接舆、长沮、桀溺、荷蓧丈人，包括齐景公……但孔子依旧坚守自己的思想。他选择入世，他说微子、箕子、比干是商朝的三位仁人，说柳下惠按正道侍奉鲁国，不怕被革职；他说："不降低自己的志向，不侮辱自己的身心，就是伯夷、叔齐……"

孔子强调身处乱世要"独善其身"，但对人则不可求全责备。

子张第十九（25条）

本章皆为孔子弟子的言论。

子张、子夏、子游、曾子、子贡，都坚持并发扬了孔子在仁德、立身等诸多方面的一些思想。子张说："持守并弘扬德行，才算有所作为；君子尊重贤德之人又能容纳众人，称赞好的德行也能怜惜无才之人。"子夏说："广博地学习并树立笃实的志向，确切地钻研，切实地思考，仁就在其中了。"弟子们还说："小人对自己所犯的过错一定要加以掩饰；工匠们在工作中成就自己，君子们通过学习成就自己。君子有三变，远看神态庄严，近处温文尔雅，听他说话又严厉不苟。"

子贡特别维护老师形象，说："君子的过错好像是日蚀、月蚀，人们都看得见，改正了，人们都仰望他；仲尼的贤德好比日月，是不可能逾越的。"

19.6 子夏曰："博学而笃志，切问而近思，仁在其中矣。"

19.7 子夏曰："百工居肆以成其事，君子学以致其道。"

19.13 子夏曰："仕而优则学，学而优则仕。"

19.18 曾子曰："吾闻诸夫子：孟庄子之孝也，其他可能也；其不改父之臣，与父之政，是难能也。"

19.22 子贡曰："君子之过也，如日月之食焉：过也，人皆见之；更也，人皆仰之。"

19.23 卫公孙朝问于子贡曰："仲尼焉学？"子贡曰："文武之道，未坠于地，在人。贤者识其大者，不贤者识其小者，莫不有文武之道焉。夫子焉不学？而亦何常师之有？"

考点提炼

1. 阅读下面文言文，按要求答题。

卫公孙朝问于子贡曰："仲尼焉学？"子贡曰："文武之道，未坠于地，在人。贤者识其大者，不贤者识其小者。莫不有文武之道焉。夫子焉不学？而亦何常师之有？"

——《论语·子张篇第十九》

从上述对话中，我们发现孔子是怎样求学的？子贡认为孔子的学识怎样？用自己的话回答。

答案：①子贡说："夫子怎么会不学习呢？只是他没有固定的老师。"孔子没有固定的老师，学无常师，时时处处都注意向他人学习。

②子贡认为贤能的人，学习大的知识，即仁、义、礼、智、信此类修身之理；而没有贤能的人，所见所闻所学局限于小的知识，即实用的技艺之学。就学习的内容和视角而言，孔子这样的贤者与不贤的人有本质区别。

2. 翻译下列句子

（1）博学而笃志，切问而近思，仁在其中矣。

译文：＿＿＿＿＿＿＿＿＿＿＿＿＿＿＿＿＿＿

答案：博览群书广泛学习，而且能坚守自己的志向，善于提出问题，多反省自身，仁德就在其中了。

（2）百工居肆以成其事，君子学以致其道。

译文：＿＿＿＿＿＿＿＿＿＿＿＿＿＿＿＿＿＿

答案：各行业的工匠要在官府造作之处完成自己分内的

工作，君子要学习体悟道的真义。

（3）其不改父之臣与父之政，是难能也。

译文：_____

_____

答案：他不改变父亲掌权时所用之人和所行之政，那是难以做到的。

3. 根据要求填写句子

（1）《论语》中说既要广博地学习各方面的知识，又要切合实际地多想与自己生活密切相关的事的句子是：_____

_____

答案：博学而笃志，切问而近思。

（2）子夏说明学习优秀者应当做官的语句是：_____

_____

答案：仕而优则学，学而优则仕。

（3）子夏认为每个人都要各司其职，君子要以"道"为追求的语句是：_____

答案：百工居肆以成其事，君子学以致其道。

（4）子贡认为君子改错与不改有很大差别的语句是：___

_____

答案：君子之过也，如日月之食焉：过也，人皆见之；更也，人皆仰之。

尧曰第二十（3条）

章节导读

　　本章中，孔子对夏、商、周三代以来的仁德善政作了高度概括，是《论语》全书安邦治国的总结，提出了五美、五恶这些政治主张的基点。孔子说："君子施行恩惠而不浪费，让民众勤劳而民众无怨，有欲望而不贪婪，安详而不骄傲，有威严而不凶猛，是谓五美；不加以教育便杀戮就叫酷虐，事先不告诫而苛求立即成功就叫残暴，开始懈怠，却突然限期完成，称作贼，同样给予他人之物，该给的时候不给予，就称为吝啬、小气。"

真题演练

1. （2009·高考浙江卷）阅读《论语》中的两则文字，然后回答问题。

　　子曰："不愤不启，不悱不发。举一隅不以三隅反，则不复也。"

　　子曰："子欲无言。"子贡曰："子如不言，则小子何述焉？"子曰："天何言哉？四时行焉，百物生焉，天何言哉？"

　　（1）有不少成语源于《论语》，例如"不愤不启""不悱不发"，请再写一个出自上述语段的成语。

_____

　　（2）根据孔子与子贡的对话，概括出一条教学原则，并加以评析。

_____

2. （2009·高考浙江卷）阅读《论语》中的一段文字，然后回答问题。

　　（桀溺）曰："滔滔者，天下皆是也，而谁以易之？且而与其从辟人之士也，岂若从辟世之士哉？"……

　　夫子怃然曰："鸟兽不可与同群，吾非斯人之徒与而谁与？天下有道，丘不与易也。"

　　（1）桀溺和孔子的言论表达了他们对现实截然不同的观点态度。你认为楚狂接舆会赞成谁的观点？颜回会赞成谁的观点？

_____

_____

    （2）你赞成谁的观点？为什么？

_____

_____

3. （2010·高考浙江卷）《论语》对后人的思想有深刻的
影响。请引用《论语》中与下面文字意思相仿的一句
话，然后分析它们所表达的思想。

    "大凡君子与君子以同道为朋，小人与小人以同利
为朋，此自然之理也。"（欧阳修《朋党论》）

_____

_____

4. （2010·高考浙江卷）阅读《论语》中的两则文字，
然后回答问题。

    子曰："由之瑟，奚为于丘之门？"门人不敬子
路。子曰："由也升堂矣，未入于室也。"

    子曰："道不行，乘桴浮于海，从我者，其由
与？"子路闻之喜。子曰："由也好勇过我，无所取材！"

（1）请从上述文字中提炼出一个成语。

_____

（2）从孔子对子路两次评价的共同特点中概括出孔子的教育特色，并加以评析。

_____

_____

5. （2011·高考浙江卷）阅读下面两段文字，回答问题。

子曰："道之以政，齐之以刑，民免而无耻；道之以德，齐之以礼，有耻且格。"（《论语》）

夫圣人之治国，不恃人之为吾善①也，而用②其不得为非也。恃人之为吾善也，境内不什数③；用人不得为非，一国可使齐。为治者用众而舍寡，故不务德而务法。（《韩非子》）

【注】①为吾善：自我完善。②用：使。③不计数：不能用十来计算，不用十个。

（1）从上面两段文字中，概括出孔子和韩非子的为政观。

孔子：_____

韩非子：_____

（2）对这两种为政观进行简要评析。

_____

6. （2011·高考浙江卷）阅读《论语》中的一则文字，然后回答问题。

　　哀公问于有若曰："年饥，用不足，如之何？"有若对曰："盍彻乎？"曰："二，吾犹不足，如之何其彻也？"对曰："百姓足，君孰与不足？百姓不足，君孰与足？"

　　（1）从上述文字中，找出与《战国策》中的"苟无民，何以有君"思想相通的一句。

　　（2）有若的观点体现了儒家的什么思想？为了践行这一思想，有若希望哀公采取的具体措施是什么？

7. （2012·高考浙江卷）阅读下面文字，完成下题。

　　《论语·乡党》："厩焚。"子退朝，曰："伤人乎？"不问马。

　　这段文字，据唐人陆德明《经典释文》的句读可以标点为："厩焚。"子退朝，曰："伤人乎？""不。"问马。

　　（1）指出上文两种不同标点的引文中，孔子对人、马的态度。

（2）对孔子的仁爱观，谈谈你对后一种句读的看法。

8.（2016·高考北京卷）下面是《论语》中的九则语录，其中有论述学习的，有论述治国之道的，也有论述其他内容的。请你将论述学习和治国之道的语录分别都挑出来。（只填序号）

①子曰："学而不思则罔，思而不学则殆。"

②子曰："道千乘之国，敬事而信，节用而爱人，使民以时。"

③子曰："君子周而不比，小人比而不周。"

④子曰："不患人之不己知，患不知人也。"

⑤子曰："温故而知新，可以为师矣。"

⑥有子曰："礼之用，和为贵。先王之道，斯为美。小大由之，有所不行。知和而和，不以礼节之，亦不可行也。"

⑦子曰："为政以德，譬如北辰居其所而众星共之。"

⑧子曰："由！诲女知之乎！知之为知之，不知为不知，是知也。"

⑨子曰："巧言令色，鲜矣仁。"

论述学习的语录：_____

论述治国之道的语录：_____

9. （2017·高考浙江卷）补写出下列名篇名句的空缺部分。

饭疏食，饮水，_____，饭亦在其中矣。_____，于我如浮云。（《论语》）

10. （2017·高考山东卷）补写出下列句子中的空缺部分。

《论语·述而》中将"君子"与"小人"的心态进行对比的两句是："_____，_____。"

11. （2017·高考江苏卷）名句名篇默写。

仁者不忧，智者不惑，_____。（《论语·宪问》）

12. （2011·中考贵州省六盘水卷）阅读下面的古文，回答下列问题。

①子曰："学而时习之，不亦说乎？有朋自远方来，不亦乐乎？人不知而不愠，不亦君子乎？"（《论语·学而》）

②子曰："温故而知新，可以为师矣。"（《论语·为政》）

③子曰："学而不思则罔，思而不学则殆。"(《论语·为政》)

④子曰："见贤思齐焉，见不贤而内自省也。"(《论语·里仁》)

⑤子曰："三人行，必有我师焉。择其善者而从之，其不善者而改之。"(《论语·述而》)

⑥曾子曰："士不可以不弘毅，任重而道远。仁以为己任，不亦重乎？死而后已，不亦远乎？"(《论语·泰伯》)

⑦子曰："其恕乎！己所不欲，勿施于人。"(《论语·卫灵公》)

（1）解释下面加点词的意思。

A. 不亦说乎　　　　说：_____

B. 温故而知新　　　故：_____

C. 思而不学则殆　　殆：_____

D. 士不可以不弘毅　弘毅：_____

（2）请用现代汉语写出下列句子的意思。

A. 三人行，必有我师焉。_____

B. 己所不欲，勿施于人。_____

（3）选文中不少句子已经演变为成语，请写出4个。

_____

（4）如果从文中选出一个句子作为自己的座右铭，

你选哪一句，请说明理由。

_____

_____

13. （2011・中考湖南省永州卷）阅读下面文言文，回答下列问题。

《论语》十则（节选）

子曰："学而时习之，不亦说乎？有朋自远方来，不亦乐乎？人不知而不愠，不亦君子乎？"（《学而》）

子曰："温故而知新，可以为师矣。"（《为政》）

子曰："学而不思则罔，思而不学则殆。"（《为政》）

子曰："由，诲女知之乎！知之为知之，不知为不知，是知也。"（《为政》）

子曰："三人行，必有我师焉。择其善者而从之，其不善者而改之。"（《述而》）

孙权劝学

初，权谓吕蒙曰："卿今当涂掌事，不可不学！"蒙辞以军中多务。权曰："孤岂欲卿治经为博士邪！但当涉猎，见往事耳。卿言多务，孰若孤？孤常读书，自以为大有所益。"蒙乃始就学。及鲁肃过寻阳，与蒙论议，大惊曰："卿今者才略，非复吴下阿蒙！"蒙曰：

"士别三日，即更刮目相待，大兄何见事之晚乎！"肃遂拜蒙母，结友而别。

（1）下列句子中加点的词解释不正确的一项是（　）

A.温故而知新　　　新：新的理解和体会

B.学而不思则罔　　罔：迷惑

C.及鲁肃过寻阳　　过：到

D.但当涉猎　　　　涉猎：全面广泛地阅读

（2）对下列两组句子中加点的词，用法和意义判断正确的一项是（　）

① 择其善者而从之　② 安陵君其许寡人

③ 结友而别　　　　 ④ 攻大泽乡，收而攻蕲

A.①②不同，③④也不同

B.①②相同，③④也相同

C.①②不同，③④相同

D.①②相同，③④不同

（3）请你至少写出出自以上选文的三个成语。

_____

（4）用现代汉语说出下列句子的意思。

A.人不知而不愠，不亦君子乎？

_____

B.蒙辞以军中多务。

_____

（5）孔子提倡学习要与思考相结合，孙权认为，学习"但当涉猎"。关于学习，你又有怎样的体验？请简要述说你的观点及理由。

_____

_____

14.（2010·中考吉林卷）阅读下文，回答问题。

《论语》（节选）

子曰："学而时习之，不亦说乎？有朋自远方来，不亦乐乎？人不知而不愠，不亦君子乎？"（《学而》）

曾子曰："吾日三省吾身：为人谋而不忠乎？与朋友交而不信乎？传不习乎？"（《学而》）

子曰："学而不思则罔，思而不学则殆。"（《为政》）

子曰："由，诲汝知之乎！知之为知之，不知为不知，是知也"（《为政》）

子曰："见贤思齐焉，见不贤而内自省也。"（《里仁》）

子曰："三人行，必有我师焉；择其善者而从之，其不善者而改之。"（《述而》）

子贡问曰："有一言而可以终身行之者乎？"子曰："其恕乎！己所不欲，勿施于人。"（《卫灵公》）

子曰："默而识①之，学而不厌②，诲人不倦，何有于我哉？"（《述而》）

子曰："我非生而知之者，好古③，敏以求之者。"（《述而》）

子曰："学如不及④，犹恐失之。"（《泰伯》）

子曰："吾有知乎哉？无知也。有鄙夫⑤问于我，空空如也；我叩其两端而竭焉。"（《子罕》）

子夏曰："日知其所亡⑥，月无忘其所能，可谓好学也已矣。"（《子张》）

【注】①识（zhì）：记住。②厌：满足。③好古：爱好古代文化。④及：赶上，追上。⑤鄙夫：鄙陋浅薄的人。⑥亡：指不知道的东西。

（1）下列句中加点词读音和意义都不同的一组是（　　）

①学而时习之 / 学如不及

②吾日三省吾身 / 见不贤而内自省也

③诲女知之乎 / 诲人不倦

④是知也 / 日知其所亡

（2）请用自己的语言写出"吾日三省吾身"的具体内容。

_____

_____

（3）请写出对"学而不思则罔，思而不学则殆"的理解。

_____

_____

（4）请用自己的语言写出"三人行，必有我师焉"的原因。

_____

_____

（5）孔子所说的"己所不欲，勿施于人"，对我们为人处世有什么启示？

_____

_____

（6）选文后五则内容都与学习有关，请你选择感悟最深的一则，写出在学习方面所获得的启示。

_____

_____

15.（2010·中考云南省曲靖市燕山卷）阅读《论语》十则，回答下列问题。

　　曾子曰："吾日三省吾身——为人谋而不忠乎？与朋友交而不信乎？传不习乎？"

　　子曰："见贤思齐焉，见不贤而内自省也。"

　　子贡问曰："有一言而可以终身行之者乎？"子曰："其恕乎！己所不欲，勿施于人。"

　　曾子曰："士不可以不弘毅，任重而道远。"

　　子曰："富与贵是人之所欲也，不以其道得之，不处也。贫与贱是人之所恶也，不以其道得之，不去也。"

子贡问君子。子曰："先行其言而后从之。"

子曰："君子成人之美，不成人之恶。小人反是。"

子曰："富而可求也，虽执鞭之士，吾亦为之。如不可求，从吾所好。"

子在齐闻《韶》，三月不知肉味，曰："不图为乐之至于斯也。"

点曰："莫春者，春服既成，冠者五六人，童子六七人；浴乎沂，风乎舞雩：咏而归。"夫子喟然叹曰："吾与点也！"

（1）解释下列句子中加点的词。

A. 与朋友交而不信乎　　信：＿＿＿＿＿

B. 不图为乐之至于斯也　　图：＿＿＿＿＿

C. 富与贵是人之所欲也　　之：＿＿＿＿＿

D. 先行其言而后从之　　而：＿＿＿＿＿

（2）把下面的文言句子翻译成现代汉语。

①士不可以不弘毅，任重而道远。

_____

②见贤思齐焉，见不贤而内自省也。

_____

（3）文中有很多语句都已成为成语，请你写出其中的四个。

（4）本文是儒家修身之言，讲的是做人的道理。请任选一则，再谈谈对你的启示。

16. （2009·中考山东省临沂卷）阅读下面甲、乙两段文言文回答问题。

［甲］天时不如地利，地利不如人和。三里之城，七里之郭，环而攻之而不胜；夫环而攻之，必有得天时者矣，然而不胜者，是天时不如地利也。城非不高也，池非不深也，兵革非不尖利也，米粟非不多也，委而去之，是地利不如人和也。故曰，域民不以封疆之界，固国不以山溪之险，威天下不以兵革之利。得道者多助，失道者寡助；寡助之至，亲戚畔之；多助之至，天下顺之。以天下之所顺，攻亲戚之所畔，故君子有不战，战必胜矣。　（选自《〈孟子〉两章》）

［乙］子贡问政。子曰："足食，足兵，民信之矣。"子贡曰："必不得已而去，于斯三者何先？"曰："去兵。"子贡曰："必不得已而去，于斯二者何先？"曰："去食。自古皆有死，民无信不立。"　（选自《论语》）

（1）解释文中加点的字。

①兵革非不尖利也　　　兵：＿＿＿＿＿

②域民不以封疆之界　　域：＿＿＿＿＿

③足兵　　　　　　　　兵：＿＿＿＿＿

④民信之矣　　　　　　信：＿＿＿＿＿

（2）将下列句子译成现代汉语。

①故君子有不战，战必胜矣。

译文：＿＿＿＿＿＿＿＿＿＿＿＿＿＿＿＿

②自古皆有死，民无信不立。

译文：＿＿＿＿＿＿＿＿＿＿＿＿＿＿＿＿

（3）［甲］文中提出的中心论点是什么？［乙］文重点强调的观点是什么？

＿＿＿＿＿＿＿＿＿＿＿＿＿＿＿＿＿＿＿

＿＿＿＿＿＿＿＿＿＿＿＿＿＿＿＿＿＿＿

（4）你认为［甲］［乙］两文重点强调的内容有什么关系？

＿＿＿＿＿＿＿＿＿＿＿＿＿＿＿＿＿＿＿

＿＿＿＿＿＿＿＿＿＿＿＿＿＿＿＿＿＿＿

17.（2009·中考广东省深圳卷）阅读下面［甲］、［乙］两段文字，回答下列问题。

［甲］曾子曰："吾日三省吾身：<u>为人谋而不忠乎？与朋友交而不信乎？传不习乎？</u>"

（节选自《论语十则》）

［乙］子墨子起，再拜，曰："请说之。吾从北方闻子为梯，将以攻宋。宋何罪之有？荆国有余于地而不足于民，杀所不足而争所有余，不可谓智。宋无罪而攻之，不可谓仁。知而不争，不可谓忠。争而不得，不可谓强。义不杀少而杀众，不可谓知类。"

公输盘服。

（节选自《墨子·公输》）

（1）《论语》虽是语录体，但每则都有一个中心，各句联系紧密。请把［甲］文中划线句子翻译成意思连贯的一段话，注意其中前两句与第三句之间的内在联系。

_____

_____

（2）［甲］文体现了儒家重视"修身"，［乙］文反映出墨家主张"兼爱""非攻"。请你先简要解释"兼爱"或"非攻"的意思，然后简答：重视"修身"和主张"兼爱""非攻"对建设和谐社会有什么现实意义？

_____

_____

18.（2007·中考湖北省武汉卷）阅读下面文字，回答问题。

[甲]子曰："由，诲女知之乎？知之为知之，不知为不知，是知也。"

（《论语·为政》）

[乙]子曰："学而不思则罔，思而不学则殆。"

（《论语·为政》）

[丙]孔子观于周庙，有敧①器焉。孔子问于守庙者曰："此谓何器也？"对曰："此盖为宥座②之器。"孔子曰："闻宥座器，满则覆，虚则敧，中③则正，有之乎？"对曰："然。"孔子使子路取水试之，满则覆，中则正，虚则敧。孔子喟然而叹曰："呜呼！恶④有满而不覆者哉！"

（《韩诗外传》）

【注】①敧（qī）：倾斜。②宥（yòu）座：座位右边。"宥"通"右"。③中：这里指装水到一半。④恶（wū）：哪里，怎么。

（1）解释下面加点的字。

①知之为知之（　　　）　②是知也（　　　）

③思而不学则殆（　　　）④满则覆（　　　）

（2）翻译下面文字。

①诲女知之乎？

翻译：_____

②孔子问于守庙者曰。

翻译：_____

（3）［丙］文中孔子"恶有满而不覆者哉！"的感叹给了我们什么启示？

答：_____

（4）这几段文字内容都与学习有关，［甲］文和［丙］文谈的是学习_____方面的问题；［乙］文谈的是学习方法方面的问题，孔子认为学习过程中_____与_____应该相结合。

（5）①孔子为什么要"使子路取水试之"？请根据文意简要说明。

答：_____

②孔子这样做有必要吗？谈谈你的看法，并结合文段内容说说理由。

答：_____

19.（2007·中考江苏省盐城卷）比较阅读下面两篇文言文，回答问题。

　　［甲］子曰："学而时习之，不亦说乎？……"

　　子曰："温故而知新，可以为师矣。"

　　子曰："学而不思则罔，思而不学则殆。"

　　子曰："敏而好学，不耻下问，是以谓之'文'也。"

　　子曰："默而识之，学而不厌，诲人不倦，何有于我哉！"

子曰："三人行，必有我师焉；择其善者而从之，其不善者而改之。"

（《论语》节选）

〔乙〕王生好学而不得法。其友李生问之曰："或谓君不善学，信乎？"王生不说曰："凡师之所言，吾悉能志（记）之，是不亦善学乎？"李生说之曰："孔子云'学而不思则罔'，盖学贵善思，君但志之而不思之，终必无所成，何以谓之善学也？"王生益愠，不应而还走。居五日，李生故寻王生，告之曰："夫善学者不耻下问，择善而从之，冀闻道也。……学者之大忌，莫逾自厌，盍改之乎？不然，年事蹉跎（光阴消逝），虽欲改励，恐不及矣！"王生惊觉，曰："余不敏，今日始知君言之善。请铭之坐右，以昭炯戒。"

（《李生论善学》）

（1）解释下列句中加点词的含义：

①不亦说乎？（　　　　）②李生说之曰（　　　　　）

③学而不厌（　　　　）　④王生益愠（　　　　　）

（2）下列句中加点的"之"与"前人之述备矣"中的"之"意义和用法相同的一项是（　　　）

　　A. 学而时习之　　　　　B. 学者之大忌

　　C. 择善而从之　　　　　D. 是以谓之"文"也

（3）下列句子的朗读停顿正确的一项是（　　　）

A. 学而 / 不思则罔　　　B. 可以为师 / 矣

C. 盖 / 学贵善思　　　D. 请铭之坐 / 右

（4）用现代汉语翻译下面的句子：

①学而不思则罔，思而不学则殆。

_____

②夫善学者不耻下问，择善而从之，冀闻道也。

_____

（5）这两篇文章都讲到了一个共同的话题，即学习方法。那么孔子和李生都认为什么样的人才是"善学者"？（用原文中的词语回答）这对我们又有怎样的启发？

_____

_____

20.（2006·中考安徽卷）阅读下列文字，回答问题。

《论语》四则

第一则：子曰："三人行，必有我师焉。择其善者而从之，其不善者而改之。"

（《述而》）

第二则：孔子曰："益者三友，损者三友。友直，友谅①，友多闻，益矣。友便辟②，友善柔③，友便佞④，损矣。"

（《季氏》）

第三则：子曰："学而不思则罔，思而不学则殆。"

（《为政》）

第四则：子夏曰："日知其所亡⑤，月无忘其所能⑥，可谓好学也已矣。"

（《子张》）

【注】①友谅，与诚信的人交朋友。谅，诚信。②便辟，善于摆架子装样子，内心却邪恶不正。③善柔，善于阿谀奉承，内心却无诚信。④便佞，善于花言巧语，而言不符实。⑤所亡，自己所没有的知识、技能，所不懂的道理等。亡，同"无"。⑥所能，自己已经掌握的知识、技能，已懂的道理等。

（1）解释下列加点词在文中的意思。

①择其善者而从之　　　从：＿＿＿＿＿＿

②学而不思则罔　　　　罔：＿＿＿＿＿＿

③可谓好学也已矣　　　好：＿＿＿＿＿＿

（2）翻译下面的句子。

①友直，友谅，友多闻，益矣。

＿＿＿＿＿＿＿＿＿＿＿＿＿＿＿＿＿＿＿＿＿＿＿＿＿

②思而不学则殆。

＿＿＿＿＿＿＿＿＿＿＿＿＿＿＿＿＿＿＿＿＿＿＿＿＿

（3）请写出阅读材料中每则论述的要点。

第一则：＿＿＿＿＿＿＿＿＿＿＿＿＿＿＿＿＿＿＿＿＿

第二则：＿＿＿＿＿＿＿＿＿＿＿＿＿＿＿＿＿＿＿＿＿

第三则：_____

第四则：_____

（4）结合自己的学习经历，谈谈你对第四则内容
的理解。

_____

_____

21.（2006·中考河南卷）阅读下面两个文段，回答下列问题。

文段一：山不在高，有仙则名。水不在深，有龙
则灵。斯是陋室，惟吾德馨。苔痕上阶绿，草色入帘青。
谈笑有鸿儒，往来无白丁。可以调素琴，阅金经。无
丝竹之乱耳，无案牍之劳形。南阳诸葛庐，西蜀子云亭。
孔子云：何陋之有？

（刘禹锡《陋室铭》）

文段二：子曰："贤哉，回①也！一箪食，一瓢饮，
在陋巷，人不堪②其忧，回也不改其乐。贤哉，回也！"

（《论语》）

【注】①回：颜回，孔子的弟子。②不堪：无法忍受。

（1）解释下面句子中加点的词的意思。

①有仙则名　　　　名：_____

②惟吾德馨　　　　德馨：_____

（2）用现代汉语写出下面句子的意思。

无丝竹之乱耳，无案牍之劳形。

_____

（3）用《陋室铭》中的句子填空。

"空山无人，水流花开"二句，极琴心（寄托心意的琴声）之妙境；"胜固欣然，败亦可喜"二句，极手谈（下围棋）之妙境："_____，_____"二句，极交友之妙境。

（4）刘禹锡和颜回一居"陋室"，一在"陋巷"，对此，他们的态度如何？体现了他们怎样的精神品质？

_____

_____

22.（2004·中考山东省潍坊卷）阅读下面文言文。

孔子行道而息，马逸①，食人之稼，野人②取其马。子贡请往说之。毕辞，野人不听。有鄙人③始事孔子者曰请往说之，因谓野人曰："子不耕于东海，吾不耕于西海也。吾马何得不食子之禾？"其野人大说，相谓曰："说皆如此其辩也，独和向④之人？"解马而与之。

【注】①逸，跑。②野人，农夫。③鄙人，仆人。④向，从前。

（1）下列各句中加点的"而"与例句中的"而"用法相同的一项是（   ）

例句：解马而与之

A. 泉香而酒洌　　B. 然则何时而乐耶

C. 而吾以捕蛇独存　D. 乃记之而去

（2）给下列加点的词语注音并解释。

①子贡请往说之　　说：＿＿＿＿＿＿＿＿＿＿

②其野人大说　　　说：＿＿＿＿＿＿＿＿＿＿

（3）翻译下列句子。

①有鄙人始事孔子者曰请往说之。

译文：＿＿＿＿＿＿＿＿＿＿＿＿＿＿＿＿＿＿＿

②吾马何得不食子之禾？

译文：＿＿＿＿＿＿＿＿＿＿＿＿＿＿＿＿＿＿＿

（4）下列对文章的理解和分析错误的一项是（　　）

A. 孔子在路上休息时马吃了人家的庄稼，农夫将马捉住。

B. 子贡自告奋勇地去要马但到底也没有说服农夫。

C. 孔子的仆人因刚开始跟随孔子而想表现自己就抢先去说服农夫。

D. 文章虽短却说明了说话的方式方法要适合情境、对象的道理。

23.（2002·中考四川省眉山卷）阅读下列文字，回答问题。

《论语》节选

第一则：子曰："学而时习之，不亦说乎？有朋自远方来，不亦乐乎？人不知而不愠，不亦君子乎？"

第二则：子曰："温故而知新，可以为师矣。"

第三则：子曰："学而不思则罔；思而不学则殆。"

第四则：子贡问曰："孔文子何以谓之'文'也？"子曰："敏而好学，不耻下问，是以谓之'文'也。"

第五则：子曰："默而识之，学而不厌，诲人不倦，何有于我哉！"

第六则：子曰："三人行，必有我师焉，择其善者而从之，其不善者而改之。"

（1）对下列各句中加点词语的解释不正确的一项是（　　）

A. 人不知而不愠　　愠：恼恨，怨恨

B. 不耻下问　　　　耻：耻辱，羞耻

C. 不亦说乎　　　　说：通"悦"，高兴，愉快

D. 默而识之　　　　识：记

（2）下列各组句子中加点词语的意义、用法不同的一组是（　　）

A. 可以为师矣

先帝称之曰能，是以众议举宠为督

B. 学而不思则罔

居庙堂之高则忧其民

C. 思而不学则殆

有卖炭翁释担而立

D. 择其善者而从之

天将降大任于是人也，必先苦其心志

（3）下列各句在文中的意思，正确的一项是（　　）

A. 温故而知新，可以为师矣——不断地学习知识，能够从中有新的体会或发现（这样的人）就可以做老师。

B. 三人行，必有我师焉；择其善者而从之，其不善者而改之——几个人当中，一定有人可以当我的老师，选择他们当中最优秀的去学习，其中不优秀的注意改正他们的缺点。

C. 学而时习之，不亦说乎——不断地学习知识，是一件很快乐的事。

D. 学而不厌，诲人不倦——学习不应当感到厌烦，教导别人不应当感到厌倦。

（4）下列叙述不符合原文意思的一项是（　　）

A.《论语》是儒家经典著作之一。课文中所选六则，有谈学习态度的，有谈学习方法的，语言精练，含义丰富，耐人寻味。

B. 第一则共三句话，分别从学习是愉快的事，与人探讨是一种乐趣，不怨恨别人三个方面既谈到学习方法和学习态度，也讲到个人修养问题。

C. 第三则讲的是学习方法。

D. 第五则既讲了学习方法也讲了学习态度。

参考答案

1. （1）举一反三

　（2）教学原则：学生主体原则（答"自主学习原则"亦可），
　　注重身教原则（答"无言之教"或"教是为了不教"亦可）。

2. （1）楚狂接舆会赞成桀溺的观点，颜回会赞成孔子的观点。

　（2）赞成孔子的观点。①孔子的言论反映了儒家改革社会的
　　良好愿望和积极入世的思想。儒家不倡导消极避世，正
　　因为社会动乱、天下无道，才更需要有志之士为改革社
　　会现状而努力，这是一种以天下为己任的责任感和忧患
　　意识。②假如乱世之中，人人明哲保身，那么乱就得不
　　到抑制，其乱更甚，知其不可而为之实则体现了一种承担、
　　奉献和牺牲的精神。③人生中总会遇到各种看似"不可为"
　　的难题，倘若都以退避的姿态对待，问题永远存在，"为
　　之"才有希望。

赞成桀溺的观点。①乱世之中，不能靠一己之力来改变社会，这
是必须正视的现实，这一点上不能自欺欺人。②洁身自好、修身养性、
保存实力，以待治世，这在乱世中不失为一种以退为进的方法。③明
知不可为而为之，精神虽然可嘉，但事实上是时间和精力的无谓浪费。

（只要观点明确，言之有据，且理由至少两点，即可给满分。）

3. 君子喻于义，小人喻于利。《论语》告诉我们，君子追求义，
小人追逐利。这种思想反映在欧阳修的《朋党论》中，即君子交友与
小人交友的本质区别在于对义与利有不同的价值取向。

4. （1）升（登）堂入室

　（2）①共同特点：每则文字中孔子对子路的评价有抑有扬。

②教育特色:针对性。(答"一分为二""实事求是""具体情况具体分析"亦可。)③评析:略。

5. (1)为政以德(或"以德、礼治国")/以法治国
   (2)孔子认为"法治"虽有一定的作用,但也有缺陷,所以要"德治";韩非子认为能够自我完善的人很少,要管理众人,必须以法治国。两种观点各有侧重,各有偏颇,应相互补充。

6. (1)百姓不足,君孰与足?
   (2)以民为本的思想。施行"彻"制,减轻赋税。

7. (1)第一种:贵人贱马　第二种:人马并重或先人后马
   (2)这种句读体现了后人对孔子的推崇,但"人马并重"并非孔子的本意,因为孔子的"仁"并非兼爱,他主张在"亲亲"的基础上推己及人。

8. 论述学习的语录:①⑤⑧;论述治国之道的语录:②⑦

9. 曲肱而枕之　不义而富且贵

10. 君子坦荡荡　小人长戚戚

11. 勇者不惧

12. (1)A.说通"悦",愉快、高兴。
      B.旧
      C.有害
      D.刚强、勇毅
    (2)A.几个人在一起行走,其中一定有可以做我老师的人。
      B.自己不愿意的事情,不要施加给他人。
    (3)温故知新　见贤思齐　任重道远　死而后已　三人行,必有我师焉　己所不欲,勿施于人(写出四个即可。)

（4）抄写句子无错误，言之有理即可。

13.（1）D（粗略地阅读）

（2）C

（3）不亦乐乎　温故知新　三人行，必有我师焉　择善而从
　　吴下阿蒙　士别三日，刮目相看（待）（写出"刮目相看"
　　也可）

（4）A. 别人不了解（我），（我）却不恼恨，不也是君子吗？
　　B. 吕蒙拿军中事务繁多为理由加以推辞。

（5）示例：我的体验是，既要广泛涉猎，也要学思结合。对
　　一般文章要广泛涉猎，才能拓展知识面，开阔视野；对
　　文化经典要边读边思，认真品味，才能领会其中精要。
　　这样，才能做到学有所获。

14.（1）④

（2）围绕"替别人办事是不是尽心竭力呢？跟朋友往来是不
　　是诚实呢？老师传授的学业是不是复习过了呢？"回答
　　即可。

（3）围绕"只读书不思考，就会迷惑而无所得。只是空想却
　　不读书，就会有害（疑惑）。"回答即可。

（4）围绕"选择他们的长处来学习，（看到自己也有）他们那
　　些短处就要改正"回答即可。

（5）围绕"自己所讨厌的事情不能施加在别人身上"或"推
　　己及人，以仁爱之心待人"回答即可。

（6）围绕"默默地记住知识，勤奋学习而不满足；爱好古代
　　文化，勤勉求学；勤奋好学；谦虚诚恳；温故而知新，日
　　积月累"等回答即可。

15.（1）信：诚实。　图：料想。　之：主谓之间，取消句子独立性，无实义。　而：然后，表顺接。

（2）①读书人不可以没有远大的抱负和坚强的意志，承担的责任重大，艰险的道路还很长。②看见德行优秀的人要向他看齐，看见不优秀的人也要（对照着）检查自己。

（3）见贤思齐　己所不欲，勿施于人　任重道远　成人之美

（4）开放性试题，言之成理即可。

示例："其恕乎！己所不欲，勿施于人"说的是自己不喜欢的言行，不要施加给别人。它告诉我们要学会宽容，不要强人所难。

16.（1）①兵器　②疆界（答"限制"也算对）③军备（军队）④信任，信用

（2）①所以君子不战则已，战就一定能胜利。　②从古到今，人都有一死，（如果）不取信于民，国家就无以立足。

（3）天时不如地利，地利不如人和（或得道多助，失道寡助）民无信不立（或自古皆有死，民无信不立）

（4）［甲］文重点强调的"人和"（"得道"）与［乙］文重点强调的"民信"（"取信于民"），二者有密切的相关性。"民信"（"取信于民"）是"人和"（"得道"）的重要条件（或"内容"）之一。

17.（1）替别人办事是不是尽心竭力呢？跟朋友往来是不是诚实呢？"忠"与"信"是老师谆谆教诲、反复传授的修身之道，我是不是经常对照它来做呢？

（2）解释兼爱：即"兼相爱"。也就是"爱他人"，博爱之意。非攻：不发动战争，不攻伐侵略。简答：示例：既要重视

个人道德修养，又要关爱他人（或不侵害他人）。只有内外兼修，才能提高全民道德水准，才能消除对立，和睦共处。这两者对建设和谐社会都有积极意义。

18.（1）①为：是。 ②是：这。 ③殆：精神疲倦而无所得。 ④覆：翻倒。

（2）①教导你的东西懂得了吗？

②孔子问守庙的人说（或者孔子向守庙的人询问道）

（3）一个人要谦虚，不要自满。

（4）态度 学 思

（5）①孔子要（想）验证宥座器（器）的特点。②有必要。因为孔子虽然听说过，但并没有亲眼见过。验证一下才能够确认。

19.（1）①高兴 ②劝说 ③满足 ④恼怒

（2）B

（3）C

（4）① 只学习却不思考就会感到迷惑而无所得，只思考却不学习就会精神疲倦而无所得。

② 善于学习的人不认为向知识地位不如自己的人请教是羞耻的事情，选择别人的长处来学习，希望懂得好的真理。

（5）盖学贵善思 不耻下问 择善而从。

20.（1）①从：听从 或：采纳、听从（答"学习、跟从"也可。）

②罔：迷惑 或：迷惑不解、迷惑而无所得

③好：喜爱 或：喜好、喜欢

（2）① 与正直的人交朋友，与诚信的人交朋友，与见闻学识广博的人交朋友，是有好处的。

② 只是思考而不去学习，那就危险了。("殆"翻译为"有害"或"精神疲倦而无所得"均可。)

（3）第一则：要积极向他人学习。第二则：交朋友要慎重。第三则：学思结合，才会进步。第四则：好学的含义。

（4）要点：好学就是勤奋学习，学习新知识，巩固旧知识。

21.（1）① 出名（或：著名）

② 品德高尚

（2）没有嘈杂的音乐扰乱两耳，没有官府的公文使身体劳累。

（3）谈笑有鸿儒　往来无白丁

（4）刘禹锡：陋室不陋　颜回：不改其乐　安贫乐道

22.（1）D(例句中的"而"表顺承，A句中的"而"表并列"并且"；B句中的"而"可译为"才"；C句中的"而"表转折"可是"；D句中的"而"表顺承)

（2）① 说（shuì）：劝说。

② 说：通"悦"（yuè），高兴，愉快。

（3）① 有个刚跟孔子做事的仆人请求说让他去劝说农夫。

② 我的马怎么能不吃你的庄稼呢？

（4）C（孔子的仆人是第二个去劝说农夫的人。）

23.（1）B

（2）C

（3）A

（4）B

作文素材

1.己所不欲，勿施于人。

（《论语·颜渊》）

赏析

　　自己不喜欢的，就不要强加给别人。饥寒是自己不喜欢的，不要把它强加给别人；耻辱是自己不喜欢的，也不要把它强加给别人。将心比心，推己及人，从自己的利与害想到对别人的利与害，多替别人着想，这是终生应该奉行的原则。

2.子曰："父母在，不远游，游必有方。"

（《论语·里仁》）

赏析

　　侍奉父母是子女义不容辞的责任。因此，孔子教育人们，父母在世时，子女轻易不要出门远行，以便守在父母身边，尽孝道。如果非要远走，首先要安顿好父母，也一定要告诉父母确切的行踪。因为"儿行千里母担忧"。子女只有对父母孝敬有加，才能报答父母的养育之恩。不要让年事已高的父母无人照顾，还要牵挂远在他乡的子女。

3.君子成人之美，不成人之恶，小人反是。

（《论语·颜渊》）

赏析

君子成全别人的好事，不促成别人的坏事。小人却恰好相反。成人之美，积善成德，便成为君子；成人之恶，积怨日多，便是小人。君子受人尊敬，小人遭人唾骂。

4.敏于事而慎于言。

（《论语·学而》）

赏析

做事勤快敏捷，说话谨慎。这句话告诉我们，做人要多做实事，少说废话，不乱说话。

5.当仁不让于师。

（《论语·卫灵公》）

赏析

面临着仁义，就是老师，也不必同他谦让。这句话与"我爱我的老师，我更爱真理"（亚里士多德语）的意思有些类似。阐发仁义，捍卫真理，伸张正义等应该做的事，要积极主动地去做，绝不能推让。

6.君子坦荡荡，小人长戚戚。

（《论语·述而》）

赏析

君子心地平坦宽广，小人却经常局促忧愁。君子胸怀坦荡，安贫乐业，与人为善，知足常乐，所以能坦荡荡。小人欲念太多，患得患失，忧心忡忡，怨天尤人，局促不安，所以常心怀戚戚。

---

7. 不迁怒，不贰过。

(《论语·雍也》)

赏析

不将对甲的怒气转到乙的头上，也不重犯同一种过失。许多人对自己的过失并不引起注意，甚至习以为常，若能像颜回那样该多好啊！

---

8. 工欲善其事，必先利其器。

(《论语·卫灵公》)

赏析

工匠要想做好自己的工作，必须事先磨快工具。由此可知，一个人要胜任工作，必须首先学好本领。今日读好书，来日才能大展鸿图。

9. 躬自厚而薄责于人。

(《论语·卫灵公》)

赏析

多责备自己，而少责备别人。这句话说的是要严以律己，宽以待人。严格要求自己，进步就快；宽容别人，就会远离怨恨。

10. 见贤思齐焉，见不贤而内自省也。

(《论语·里仁》)

赏析

见到贤人，就应该想着向他学习；看见不贤的人，便应该自己反省，（有没有同他类似的毛病。）对不如自己的人喜欢讥笑、轻视，因而沾沾自喜；对比自己强的人喜欢贬低，甚至嫉妒、畏惧退缩，害怕与他们交往：这都是不正确的态度。

11.君子有三戒：少之时，血气未定，戒之在色；及其壮也，血气方刚，戒之在斗；及其老也，血气既衰，戒之在得。

（《论语·季氏》）

赏析

君子一生中有三件事情应该警惕戒备：年轻的时候，正在长筋骨，气血尚未定型，在男女问题上必须警戒；到了壮年时期，身强力不亏，精力旺盛，要警戒无原则的纠纷和争斗；到了老年，体力和精力都差了，要警戒贪得无厌。这句话对于青少年来说，提出了早恋会影响身心健康的问题。在今天看来，孔子的"戒色、戒斗、戒得"的说法，对我们仍有深刻的教育意义。

12. 人而无信，不知其可也。

（《论语·为政》）

赏析

　　一个人不讲信用，不知道他该怎么办了。孔子认为，一个人不讲信用就寸步难行。在今天看来，一个企业、一个民族、一个国家也是如此。中国加入了世贸组织，也要守规则，讲诚信，才能在竞争中得到发展。

13. 三人行，必有我师焉。

（《论语·述而》）

赏析

　　几个人同路走，其中必定有可以当我的师长的人。人人都有相对的技能和特长，有值得我学习的地方，只要虚心向别人学习，一定能找到可以教自己的老师。

---

14. 三思而后行。

（《论语·公冶长》）

赏析

经过反复考虑然后才采取行动。这话适用于莽撞行事的人。

---

15. 食不语，寝不言。

（《论语·乡党》）

赏析

吃饭的时候不交谈,睡觉的时候不说话。《论语》中记载孔子的生活习惯和养生之道的文字很多，这一条就很值得我们学习。

16. 士不可以不弘毅，任重而道远。

（《论语·泰伯》）

赏析

　　读书人须有远大的抱负和坚强的意志，因为他对社会责任重大，要走的路很长。对一个想要有所作为的人来说，远大的抱负、坚强的意志，是缺一不可的。

17. 岁寒然后知松柏之后凋也。

（《论语·子罕》）

赏析

　　天寒地冻，才晓得松柏树是最后落叶的。在艰苦的环境里才能看出一个人的节操和品格。在艰苦的环境里才能真正考验人。

18.温、良、恭、俭、让。

（《论语·学而》）

赏析

温和、善良、严肃、节俭、谦逊。孔子每到一个国家，必然听得到那个国家的政事，他就是靠"温、良、恭、俭、让"的美德和态度获得的。这也是我们求知、做人应具备的品格和态度。

19.朽木不可雕也，粪土之墙不可杇也。

（《论语·公冶长》）

赏析

朽烂的木头，不能雕刻，粪土垒起的墙壁，不能粉刷。比喻不堪造就的人，用不着去培养他。人的智力因素没有多大的差别，但人的情感因素有着很大的差别。

20.学而不思则罔，思而不学则殆。

（《论语·为政》）

赏析

只是读书，却不动脑筋思考，就会茫然不解；只是空想而不去读书，就会疲惫而无所获。"学"与"思"是相辅相成的，如果只注重某一方面而忽视另一方面，就达不到好的效果。

---

21. 言必信，行必果。

（《论语·子路》）

赏析

说出的话一定要算数，行动起来一定要坚决。

一诺千金，敢作敢为，受人尊重；出尔反尔，优柔
寡断，遭人鄙弃。

---

22. 欲速则不达。

（《论语·子路》）

赏析

想要快反而达不到目的。孔子的弟子有一些做
官的，孔子教育他们干出政绩不要急于求成。事物
发展有它的规律，学习上也要循序渐进，不打好基
础，就想攻克尖端问题，快速取得成果，是办不到的。

---

23. 朝闻道，夕死可矣。

（《论语·里仁》）

赏析

早上得知真理，即使晚上死了也值得。这句话

说明了对真理的渴望。

---

24. 知之为知之，不知为不知，是知也。

（《论语·为政》）

赏析

知道的就承认已经知道了，不知道的就是不知道，这就是聪明智慧。自作聪明的人总是把无知当已知。

---

25. 志士仁人，无求生以害仁，有杀身以成仁。

（《论语·卫灵公》）

赏析

志士仁人不肯贪生怕死而伤害仁义，他们总是宁可牺牲性命也要成全大义。自古忠臣义士把仁义看得比生命还重要。

26.子曰："吾十有五而志于学，三十而立，四十而不惑，五十而知天命，六十而耳顺，七十而从心所欲，不逾矩。"

（《论语·为政》）

赏析

我十五岁有志于做学问；三十岁自立后言行都以事志为准绳；四十岁，（掌握了事物当然之理而）不致迷惑；五十岁，体悟天道流行赋予人之理；六十岁，（因知人、物当然之理）声入心通，没有违背；到了七十岁随其（体悟万物之理的）心的所欲行为，自然不违背法度，不勉而中。这是孔子晚年对自己一生学习修养的概括总结，说明他一生从不间断地学习修养，而且每隔一段时间就有一个较大的进步，直至晚年达到最高境界。几千年以来，无数的人都把这段话作为勉励自己的座右铭。而其中的"而立""不惑""知命""耳顺"也分别成了三十岁、四十岁、五十岁、六十岁的代名词而广泛流传。

《孟子》

作品导读

尊圣求法，为民请命
——《孟子》导读

　　《孟子》是战国时期的大思想家、政治活动家、被尊为"亚圣"的孟子的著作。《四书》之一的《孟子》，是记言为主的语录体散文，共七篇十四卷，三万五千多字。这本书是孟子一生主要活动的剪影，是其对政治、伦理、教育思考的结晶。《孟子》成书约在东周周赧王二十五年辛卯（前290）。关于其作者存在三种不同说法：自己说，弟子说，自己与弟子共同说。孟子老师是谁颇有争议，但生前推崇孔子毫无疑议。他认为"自生民以来，未有盛于孔子也"。

　　"义利之辩"是《孟子》最重要的观点之一。孟子认为，纵使富国强兵，也还只是小利而已。只有从"仁义"着手去做，才是根本的大吉大利。孟子坚持"性善论"，认为人性具有"善端"，提出仁、义、礼、智四德，而重在仁义。他提出恻隐、羞恶、辞让、是非之心是仁、义、礼、智之端，而仁义礼智就是天赋予人的本性。

孟子是孔子"天命论"的继承者。但是，他把"天"的意志，还原为"民""民心即天心"。他要求人们按照"天命"行事，并提出了"尽心""知性"的原则和方法。在任命或罢免官员的问题上，主张不能由君王一人和少数几个大臣说了算，而要征求国人的意见。对于不称职的君王，孟子以大无畏的精神提出："君有大过则谏，反复之而不听，则易位。"在君臣关系上，孟子也坚持人格的尊严与平等，他曾当面对齐宣王说："君之视臣为土芥，则臣视君如寇雠"。孟子明确提出"民为贵，社稷次之，君为轻"，所以曾遭到像朱元璋等君王的坚决反对。

事实上，孟子的上述主张，多是孔子未曾提过的，这表明孟子的学术思想、政治理念与孔子已有着相当大的差异。

认识论上，孟子提出"反求诸己""内视""反省"等原则方法，认为学问的真谛在于把迷失方向的"本心"找回。道德修养方面，主张修心养性，达到"富贵不能淫，贫贱不能移，威武不能屈"的境界。

孟子善于循循善诱，引导对方不知不觉地接受自己阐释的道理并心悦诚服。如，戴盈问施政，今年没办到，第二年再施行，行吗？孟子说：如果有个人天天偷鸡，有人警告他，他说，现在每月只偷一只，第二年再不偷了，行吗？孟子还借评价古圣先贤、当世君王、众人，通过与各种人的对话表达他仁政、性善及对自修、顺天、自律等全方位的认识。

文学上，《孟子》一书善用比喻：人民追随仁德，就像水往低处流走，像野兽奔跑在旷野。所以到深渊里赶鱼出来的是水獭；到丛林里去赶鸟出来的是鹯鹰；替商汤、周武赶来百姓的人就是夏桀和殷纣王。此外，文章长于说理辩论，气势磅礴，对后世的散文创作有很大影响。唐宋八大家的文章大都师法《孟子》。

《孟子》七篇，政治原则、哲学基础大都包含在《梁惠王上下》两章，这两章也可以说是他的学问成就后期（中年到晚年）在国际间游历的传记缩影。"仁政"思想，主要记录在《公孙丑上》《梁惠王上》《滕文公上》等篇中。"尽心知天"的认识论，主要反映在《尽心上》《告子上》两篇中，其伦理道德观点，特别是"性善论"，则集中表现在《告子上》一篇中。

无论从孟子的精神世界，还是从《孟子》的表达艺术，不仅丰富、影响了中国几千年的文化，对于生活在 21 世纪的人们，它更像是肥沃的土地、清新的空气、温暖的阳光，阅读《孟子》可以从中吸收丰富的营养，获取强大的动力，提升我们的精神追求和文明修养。

主要人物

孟子

别　　称：子舆，子车，子居，亚圣

身　　份：学者，思想家

生卒年：不详，一说生于公元前385年前后，卒于公元前302年前后；一说公元前372年生，卒于公元前289年，人们多认同后一说。

履　　历：孟子生于山东邹县，鲁国三桓之一的孟孙氏之后。幼年丧父；母亲仉（zhǎng）氏独自抚养并苦心教育孟子。孟子终学有所成。40岁前，主要是在邹鲁之地聚徒讲学，也参与一些政治活动，中年离开家乡，先后到齐、宋、滕、魏，又回到齐，以实现自己仁政的政治理想，终失望而归。70多岁的孟子不能再周游列国了，于是回乡，和弟子万章、公孙丑等人"序《诗》《书》，述仲尼之意，作《孟子》七篇"。终年84岁。

必考重点

卷一　梁惠王（上）

　　孟子中年开始游历，本章是游历梁、齐二国时，与梁惠王、齐宣王的对话和孟子向人复述与梁襄王的谈话。

　　关于王道与仁政，孟子说，先仁而后利。如果君王、卿大夫、士、百姓，把仁义放在利之后，那么他们不把国家的利益全拿走就不会满足。有仁德的君王，母鹿、白鸟、游鱼见到他都会欣欣跳跃；没有仁德的君王，人民宁可与他一起消亡。他劝告君主：尊重生产规律，民丰衣足食，治国不归罪于收成年景，百姓就会归附于您。他认为，拥有国土不在大小，实施仁政，减少刑罚，减轻税赋，人民精心耕作，管理农业，青年人用空闲时间学习、修养自身，这样，即使人们手上拿着木棒，也能抵抗披着坚硬铁甲、拿着锐利武器的秦、楚军队。

　　他说："现在天下领袖，没有不爱杀人的，如有不好杀人的领袖，人民会伸着脖子盼他到来。"他还劝谏齐宣王："恩施禽兽不施百姓，百姓没有得到保护，是您没用善心。若能做到把别人的老人和孩子当作自己的老人和孩子一样对待，推己及人，以仁爱之心治理国家，回到治国的根本，天下归顺就是必然，否则就是缘木求鱼。"

必考段落

孟子见梁惠王。王曰："叟不远千里而来，亦将有以利吾国乎？"

孟子对曰："王何必曰利？亦有仁义而已矣。王曰：'何以利吾国？'大夫曰：'何以利吾家？'士庶人曰：'何以利吾身？'上下交征利而国危矣。万乘之国弑其君者，必千乘之家；千乘之国弑其君者，必百乘之家。万取千焉，千取百焉，不为不多矣。苟为后义而先利，不夺不餍。未有仁而遗其亲者也，未有义而后其君者也。王亦曰仁义而已矣，何必曰利？"

考点提炼

1. 对下列句子中加点的词语的解释，不正确的一项是（　　）

A. 不夺不餍　　　　　　　　　　　　　　餍：满足

B. 壮者以暇日修其孝悌忠信　　　悌：敬爱父母

C. 天下方务于合从连衡　　　　　方：正在，正当

D. 退而与万章之徒序《诗》《书》　序：依次序整理

答案：B（悌：敬爱兄长）

2. 下列各组句子中，加点的词意义和用法相同的一组是（　　）

A. ①亦将有以利吾国乎

　　②王之好乐甚，则齐其庶几乎

B. ①夫谁与王敌

　　②备他盗出入与非常也

C. ①南辱于楚

　　②得复见将军于此

D. ①而孟轲乃述唐、虞、三代之德

　　②而陋者乃以斧斤考击而求之

答案：D（乃：副词，相当于"却""竟"。A. 乎：语气助词，表疑问语气，可译为"吗"／语气助词，表猜测语气，可译为"吧"。B. 与：介词，引进动作行为的对象，可译为"和、跟、同"／连词，连接并列成分，相当于"和"。C. 于：介词，被／介词，在）

3. 将下列句子译成现代汉语。

（1）王曰："叟！不远千里而来，亦将有以利吾国乎？"

答案：梁惠王说："老人家，您不远千里来到这里，将有对我国有利益的（策略）吗？"

（2）未有仁而遗其亲者也，未有义而后其君者也。

答案：从来没有有仁心的人会遗弃自己的父母，也从来没有有义德的人会怠慢他的君主。

4. 请你说说孟子在文中的观点是什么？（用自己的话回答）

答案：要点：孟子认为君主、大夫乃至老百姓都有仁心义德，少讲私利，社会就会安定，君主的统治就会稳固。

孟子见梁惠王。王立于沼上，顾鸿雁麋鹿，曰："贤者亦乐此乎？"

孟子对曰："贤者而后乐此，不贤者虽有此，不乐也。《诗》云：'经始灵台，经之营之，庶民攻之，不日成之。经始勿亟，庶民子来。王在灵囿，麀鹿攸伏。麀鹿濯濯，白鸟鹤鹤。王在灵沼，于牣鱼跃。'文王以民力为台为沼，而民欢乐之。谓其台曰灵台，谓沼曰灵沼，乐其有麋鹿鱼鳖。古之人与民偕乐，故能乐也。《汤誓》曰：'是日害丧？予及女偕亡。'民欲与之偕亡，虽有台池鸟兽，岂能独乐哉？"

考点提炼

1. 下列各项是对上面选段内容的理解，不正确的一项是（　　）

A. 孟子认为，不贤德之人即使有珍禽异兽也享受不到快乐。

B. "经始勿亟"这句话用文王的口吻写出了文王对百姓辛劳的体恤。

C. "麀鹿濯濯，白鸟鹤鹤"诗意的解读是，母鹿肥大毛色润，白鸟洁净羽毛丰。

D. 孟子引用《汤誓》的话的目的是揭露统治者与民不共戴天的残暴罪行。

答案：D。孟子引用《汤誓》的话的目的是从反面阐述要与民同乐的观点。

2. 分析上面的选段，你认为与下面的选段在表现孟子思想上有何相同之处？请简析。

曰："王之好乐甚，则齐庶几乎。今之乐犹古之乐也。"曰："可得闻与？"曰："独乐乐，与人乐乐，孰乐？"曰："不若与人。"曰："与少乐乐，与众乐乐，孰乐？"曰："不若与众。"（《孟子·梁惠王下》）

_____

_____

_____

答案：下面选段中孟子的这个质询，目的是引导齐宣王明白与民同乐就能称王于天下的"王道"，上面选段中孟子循循善诱地告诉梁惠王"与民同乐"。两处文字都体现了孟子与民同乐的思想主张。

梁惠王曰："寡人之于国也，尽心焉耳矣。河内凶，则移其民于河东，移其粟于河内。河东凶亦然。察邻国之政，无如寡人之用心者。邻国之民不加少，寡人之民不加多，何也？"

孟子对曰："王好战，请以战喻。填然鼓之，兵刃既接，弃甲曳兵而走，或百步而后止，或五十步而后止。以五十步笑百步，则何如？"

曰："不可。直不百步耳，是亦走也！"

曰："王如知此，则无望民之多于邻国也。不违农时，谷不可胜食也；数罟不入洿池，鱼鳖不可胜食也；斧斤以时入山林，材木不可胜用也。谷与鱼鳖不可胜食，材木不可胜用，是使民养生丧死无憾也。养生丧死无憾，王道之始也。五亩之宅，树之以桑，五十者可以衣帛矣；鸡豚狗彘之畜，无失其时，七十者可以食肉矣；百亩之田，勿夺其时，数口之家可以无饥矣；谨庠序之教，申之以孝悌之义，颁白者不负戴于道路矣。七十者衣帛食肉，黎民不饥不寒，然而不王者，未之有也。狗彘食人食而不知检，涂有饿莩而不知发；人死，则曰：'非我也，岁也。'是何异于刺人而杀之，曰：'非我也，兵也！'王无罪岁，斯天下之民至焉。"

1. 下列句子中不含实词活用现象的一项是（ ）

① 填然鼓之，兵刃既接，弃甲曳兵而走

② 黎民不饥不寒，然而不王者

③ 五亩之宅，树之以桑

④ 五十者可以衣帛矣

⑤ 直不百步耳，是亦走也

⑥ 是使民养生丧死无憾也

⑦ 斯天下之民至焉

⑧ 移其粟于河内

A. ⑤⑦⑧　　　　B. ①③⑤

C. ③⑥⑧　　　　D. ②④⑤

答案：A（①鼓，名词动用；②王，称王；③树，种植；④衣，穿；⑥丧，埋葬）

2. 下列句子的句式与"然而不王者，未之有也"相同的一项是（ ）

A. 养生丧死无憾，王道之始也

B. 夫晋，何厌之有

C. 非我也，兵也

D. 是亦走也

答案：B（都是宾语前置）

3. 下列各项中都属于孟子的"仁政"措施的是（　　）

①弃甲曳兵而走　②不违农时　③七十者衣帛食肉，黎民不饥不寒　④五亩之宅，树之以桑　⑤谨庠序之教，申之以孝悌之义　⑥颁白者不负戴于道路矣

A. ①②③　　　　　B. ②④⑤

C. ②③⑥　　　　　D. ①④⑤

答案：B

4. 对课文意思的理解，不正确的一项是（　　）

A. 梁惠王"移民""移粟"的措施，并没有使人民增多，因此就向孟子提出了疑问。

B. 孟子用"五十步笑百步"的故事反问梁惠王，使梁惠王落入自己设下的圈套。

C. 孟子在此文中一定程度地揭露了社会的不平等。

D. 所谓行仁政就是要以保民为职分。

答案：B（"落入自己设下的圈套"不当）

孟子见梁襄王。出，语人曰："望之不似人君，就之而不见所畏焉。卒然问曰：'天下恶乎定？'吾对曰：'定于一。''孰能一之？'对曰：'不嗜杀人者能一之。''孰能与之？'对曰：'天下莫不与也。王知夫苗乎？七八月之间旱，则苗槁矣。天油然作云，沛然下雨，则苗浡然兴之矣。其如是，孰能御之？今夫天下之人牧，未有不嗜杀人者也，如有不嗜杀人者，则天下之民皆引领而望之矣。诚如是也，民归之，由水之就下，沛然谁能御之？'"

考点提炼

1. 加点词的意义相同的两组是（　　）

A. 孟子见梁襄王就之　　而不见所畏焉

B. 天下恶乎定？　　以小易大，彼恶知之

C. 不嗜杀人者能一之　　六王毕，四海一

D. 望之不似人君则天下之　　民皆引领而望之矣

答案：BC（A. 谒见 / 看到。B. 怎么样。C. 统一。D. 远望 / 盼望）

2. 加点词解释错误的一项是（　　）

A. 就之而不见所畏焉　　就：接近，走近。

B. 今夫天下之人牧　　人牧：天下的领袖。

C. 诚如是也，民归之　　诚：如果。

D. 天油然作云，沛然下雨　　油然：自然而然地。

答案：D（兴盛的样子）

3. 通假字解释不正确的一项是（　　）

A. 卒然问曰："天下恶乎定？"　　卒：通"猝"，突然

B. 民归之，由水之就下　　由：通"犹"，如同

C. 王说　　说：通"悦"，欣悦

D. 盖亦反其本矣　　盖：通"盍"，何

E. 吾王之好田猎　　田：通"畋"，打猎

答案：D（盍，兼词，"何不"的合音）

4. 孟子认为不嗜杀人者能一之，但一百年后，秦以武力统一中国。请就此谈谈你对孟子这一观点的看法。

_____

_____

_____

答案：秦以武力统一天下，事实无情地证明孟子的观点

不合时宜，难怪不能为当时诸侯所接受。但孟子的思想无疑有其先进性，不施仁政的暴秦，很快就走上了灭亡之路，从而证明了得民心是很重要的，行仁政才是长治久安之路。

必考段落

齐宣王问曰："齐桓、晋文之事可得闻乎？"孟子对曰："仲尼之徒无道桓、文之事者，是以后世无传焉。"……曰："挟太山以超北海，语人曰：'我不能'，是诚不能也。为长者折枝，语人曰：'我不能'，是不为也，非不能也。故王之不王，非挟太山以超北海之类也；王之不王，是折枝之类也。老吾老，以及人之老；幼吾幼，以及人之幼。天下可运于掌。《诗》云：'刑于寡妻，至于兄弟，以御于家邦。'言举斯心加诸彼而已。故推恩足以保四海，不推恩无以保妻子。古之人所以大过人者无他焉，善推其所为而已矣。"

曰："……今王发政施仁，使天下仕者皆欲立于王之朝，耕者皆欲耕于王之野，商贾皆欲藏于王之市，行旅皆欲出于王之涂，天下之欲疾其君者皆欲赴愬于王。其若是，孰能御之？"

王曰："吾惛，不能进于是矣。愿夫子辅吾志，明以教我。

我虽不敏，请尝试之。"

曰："无恒产而有恒心者，惟士为能。若民，则无恒产，因无恒心。苟无恒心，放辟，邪侈，无不为已。及陷于罪，然后从而刑之，是罔民也。焉有仁人在位，罔民而可为也？是故明君制民之产，必使仰足以事父母，俯足以畜妻子，乐岁终身饱，凶年免于死亡。然后驱而之善，故民之从之也轻。今也制民之产，仰不足以事父母，俯不足以畜妻子，乐岁终身苦，凶年不免于死亡。此惟救死而恐不赡，奚暇治礼义哉！王欲行之，则盍反其本矣。五亩之宅，树之以桑，五十者可以衣帛矣；鸡豚狗彘之畜，无失其时，七十者可以食肉矣；百亩之田，勿夺其时，八口之家可以无饥矣；谨庠序之教，申之以孝悌之义，颁白者不负戴于道路矣。老者衣帛食肉，黎民不饥不寒，然而不王者，未之有也。"

考点提炼

1. 为下列加点的词注音

胡龁（　　）　无以，则王（　　）乎　彼恶（　　）知之　褊（　　）小　予忖度（　　）之　便嬖（　　）不足使令于前　莅（　　）中国　商贾（　　）皆藏于市　吾惛（　　），不能进于是矣　此惟救死而恐不赡（　　）　殆（　　）有甚焉

答案:hé wàng wū biǎn duó bì lì gǔ hūn shàn dài

2. 解释下列句子中加点的词

A. 吾不忍其觳觫

B. 仰不足以事父母

C. 天下之欲疾其君者

D. 及陷于罪，然后从而刑之，是罔民也

答案:A. 恐惧发抖的样子。B. 赡养、奉养。C. 憎恨、痛恨。D. 罔通"网"，活用为动词:张开网罗捕捉，引申为"陷害"。

3. 下列句子中加点的字不是通假字的一项是（　　）

A. 行旅皆欲出于王之涂

B. 盖亦反其本矣

C. 刑于寡妻，至于兄弟，以御于家邦

D. 然后从而刑之

答案:D。[A. 涂通"途"，道路。B. 盖通"盍"，何不（为什么不），反通"返"，回到。C. 刑通"型"，做出榜样。]

4. 指出下列句子中加点词语的活用现象，并试加解释

A. 朝秦楚，莅中国，而抚四夷

B. 故王之不王，不为也，非不能也

C. 然后从而刑之

D. 五十者可以衣帛矣

答案：A. 使动用法：使秦楚来朝见。B. 名词活用为动词：以王道统一天下。C. 名词活用为动词：施以刑罚。D. 名词活用为动词：穿。

必考段落

齐宣王问曰："齐桓、晋文之事可得闻乎？"

孟子对曰："仲尼之徒，无道桓、文之事者，是以后世无传焉。臣未之闻也。无以，则王乎？"

曰："德何如，则可以王矣？"

曰："保民而王，莫之能御也。"

曰："若寡人者，可以保民乎哉？"

曰："可。"

曰："何由知吾可也？"

曰："臣闻之胡龁曰，王坐于堂上，有牵牛而过堂下者，王见之，曰：'牛何之？'对曰：'将以衅钟。'王曰：'舍之！吾不忍其觳觫，若无罪而就死地。'对曰：'然则废衅钟与？'

曰：'何可废也？以羊易之！'不识有诸？"

曰："有之。"

曰："是心足以王矣。百姓皆以王为爱也，臣固知王之不忍也。"

王曰："然。诚有百姓者。齐国虽褊小，吾何爱一牛？即不忍其觳觫，若无罪而就死地，故以羊易之也。"

曰："王无异于百姓之以王为爱也。以小易大，彼恶知之？王若隐其无罪而就死地，则牛羊何择焉。"

王笑曰："是诚何心哉？我非爱其财而易之以羊也，宜乎百姓之谓我爱也。"

曰："无伤也，是乃仁术也，见牛未见羊也。君子之于禽兽也，见其生，不忍见其死；闻其声，不忍食其肉。是以君子远庖厨也。"

王说曰："《诗》云：'他人有心，予忖度之。'夫子之谓也。夫我乃行之，反而求之，不得吾心。夫子言之，于我心有戚戚焉。此心之所以合于王者，何也？"

曰："有复于王者曰：'吾力足以举百钧'，而不足以举一羽；'明足以察秋毫之末'，而不见舆薪，则王许之乎？"

曰："否。"

"今恩足以及禽兽，而功不至于百姓者，独何与？然则一羽之不举，为不用力焉；舆薪之不见，为不用明焉；百姓之不见保，为不用恩焉。故王之不王，不为也，非不能也。"

曰："不为者与不能者之形何以异？"

曰："挟太山以超北海，语人曰：'我不能'，是诚不能也。为长者折枝，语人曰：'我不能'，是不为也，非不能也。故王之不王，非挟太山以超北海之类也；王之不王，是折枝之类也。老吾老，以及人之老；幼吾幼，以及人之幼。天下可运于掌。《诗》云：'刑于寡妻，至于兄弟，以御于家邦。'言举斯心加诸彼而已。故推恩足以保四海，不推恩无以保妻子。古之人所以大过人者，无他焉，善推其所为而已矣。今恩足以及禽兽，而功不至于百姓者，独何与？权，然后知轻重；度，然后知长短。物皆然，心为甚。王请度之！抑王兴甲兵，危士臣，构怨于诸侯，然后快于心与？"

王曰："否。吾何快于是？将以求吾所大欲也。"

曰："王之所大欲，可得闻与？"王笑而不言。

曰："为肥甘不足以口与？轻暖不足于体与？抑为采色不足视于目与？声音不足听于耳与？便嬖不足使令于前与？王之诸臣皆足以供之。而王岂为是哉？"

曰："否。吾不为是也。"

曰："然则王之所大欲可知已。欲辟土地，朝秦楚，莅中国而抚四夷也。以若所为求若所欲，犹缘木而求鱼也。"

王曰："若是其甚与？"

曰："殆有甚焉。缘木求鱼，虽不得鱼，无后灾。以若所为，求若所欲，尽心力而为之，后必有灾。"

曰："可得闻与？"

曰："邹人与楚人战，则王以为孰胜？"

曰："楚人胜。"

曰："然则小固不可以敌大，寡固不可以敌众，弱固不可以敌强。海内之地，方千里者九，齐集有其一。以一服八，何以异于邹敌楚哉？盖亦反其本矣。今王发政施仁，使天下仕者皆欲立于王之朝，耕者皆欲耕于王之野，商贾皆欲藏于王之市，行旅皆欲出于王之涂，天下之欲疾其君者皆欲赴诉于王。其若是，孰能御之？"

王曰："吾惛，不能进于是矣。愿夫子辅吾志，明以教我。我虽不敏，请尝试之。"

曰："无恒产而有恒心者，惟士为能；若民，则无恒产，因无恒心。苟无恒心，放辟，邪侈，无不为已。及陷于罪，然后从而刑之，是罔民也。焉有仁人在位，罔民而可为也？是故明君制民之产，必使仰足以事父母，俯足以畜妻子，乐岁终身饱，凶年免于死亡。然后驱而之善，故民之从之也轻。今也制民之产，仰不足以事父母，俯不足以畜妻子，乐岁终身苦，凶年不免于死亡。此惟救死而恐不赡，奚暇治礼义哉？王欲行之，则盍反其本矣。五亩之宅，树之以桑，五十者可以衣帛矣；鸡豚狗彘之畜，无失其时，七十者可以食肉矣；百亩之田，勿夺其时，八口之家可以无饥矣；谨庠序之教，申之以孝悌之义，颁白者不负戴于道路矣。老者衣帛食肉，黎民不饥不寒，然而不王者，未之有也。"

考点提炼

1. 释词、译句不正确的一项是（　　）

A. 保民而王，莫之能御也。　御：抵御。

——通过安抚百姓实行王道，没有谁能阻挡得了。

B. 我非爱其财而易之以羊也，宜乎百姓之谓我爱也。易：换。宜：适宜。

——我并不是吝惜钱财才拿只羊去替换牛，难怪百姓要说我吝啬哩。

C. 无伤也，是乃仁术也，见牛未见羊也。　乃：是。

——没有关系，这正是仁爱之道，（因为您只）见到牛没有见到羊。

D. 今恩足以及禽兽，而功不至于百姓者，独何与？独：难道。

——现在大王您一片仁心施于禽兽，而百姓却一无所得，这是什么原因呢?

答案: D（独，副词，却）

2. 与"甚矣，汝之不惠"句式相同的一项是（　　）

A. 保民而王，莫之能御也。

B. 宜乎百姓之谓我爱也。

C. 及陷于罪，然后从而刑之，是罔民也。

D. 若是其甚与?

答案: B（主谓倒装）

3. 对加点词解释不正确的一项是（　　）

A. 若民，则无恒产，因无恒心。　　　　因：就、随之。

B. 放辟邪侈，无不为已。　　　　　　　侈：奢侈。

C. 明君制民之产，必使仰足以事父母　　制：规定。

D. 此惟救死而恐不赡，奚暇治礼义哉?　赡：足。

答案: B（侈，放荡）

卷二　梁惠王（下）

　　孟子所至，为实施自己的政治主张，当然要与各国君主交谈。各国情况不同、君主们想要的"货"不同，孟子的回答自然也就不同。但其核心依旧是仁政。本章记录孟子在为政、选用人才、与邻国关系这三个方面的基本思想。

　　为政，当然是仁政：统治者要体察百姓疾苦，做到休戚与共；做到忧则与民同忧，乐则与民同乐。孟子还说，周文王苑囿七十里而民不嫌多，可齐宣王苑囿四十里百姓就嫌多的原因是，文王苑囿民可随便砍柴割草、打野鸡野兔，而宣王的苑囿却严令百姓打杀麋鹿。杀鹿者与杀人同罪。他认为齐征燕国，如果不施仁政，燕民一定会像用竹篮盛饭、壶装酒迎接齐王那样迎接其他的征服者。

　　对邻国，也要仁政；而与仁义相悖的人，即使是国君，也应该受到诛伐。

　　选用人才时，百姓说他贤能，才能当好父母官。使用人才上，孟子说："外行乱干预，就像是让玉石匠放弃所学，而听从他人主意进行雕琢一样。"

必考段落

庄暴见孟子，曰："暴见于王，王语暴以好乐，暴未有以对也。"曰："好乐何如？"

孟子曰："王之好乐甚，则齐国其庶几乎！"

他日，见于王曰："王尝语庄子以好乐，有诸？"

王变乎色，曰："寡人非能好先王之乐也，直好世俗之乐耳。"

曰："王之好乐甚，则齐其庶几乎！今之乐犹古之乐也。"

曰："可得闻与？"

曰："独乐乐，与人乐乐，孰乐？"

曰："不若与人。"

曰："与少乐乐，与众乐乐，孰乐？"

曰："不若与众。"

"臣请为王言乐：今王鼓乐于此，百姓闻王钟鼓之声，管籥之音，举疾首蹙頞而相告曰：'吾王之好鼓乐，夫何使我至于此极也，父子不相见，兄弟妻子离散。'今王田猎于此，百姓闻王车马之音，见羽旄之美，举疾首蹙頞而相告曰：'吾王之好田猎，夫何使我至于此极也？父子不相见，兄弟妻子离散。'此无他，不与民同乐也。"

"今王鼓乐于此，百姓闻王钟鼓之声、管籥之音，举欣欣然有喜色而相告曰：'吾王庶几无疾病与，何以能鼓乐也？'今王田猎于此，百姓闻王车马之音，见羽旄之美，举欣欣然有喜色而相告曰：'吾王庶几无疾病与，何以能田猎也？'此无他，与民同乐也。今王与百姓同乐，则王矣！"

考点提炼

1.翻译"独乐乐，与人乐乐，孰乐？"

_____

答案："独自欣赏音乐的快乐，与百姓（一同）欣赏音乐的快乐，哪一个更快乐呢？"

2.解释加点词语的意思
（1）臣请为王言乐。
（2）吾王庶几无疾病与，何以能鼓乐也?
（3）王之好乐甚，则齐其庶几乎。
（4）吾王庶几无疾病与，何以能鼓乐也?

答案:(1)介绍涉及的对象。给,替。(2)何以,即"以何",介宾短语,用于疑问句中作状语,根据"以"的不同用法,分别相当于"拿什么""凭什么"等。(3)表揣度或商量语气,可译为"吧"。(4)用在句末,表示疑问或反诘语气。

必考段落

齐宣王见孟子于雪宫。王曰:"贤者亦有此乐乎?"

孟子对曰:"有。人不得,则非其上矣。不得而非其上者,非也;为民上而不与民同乐者,亦非也。乐民之乐者,民亦乐其乐;忧民之忧者,民亦忧其忧。乐以天下,忧以天下,然而不王者,未之有也。昔者齐景公问于晏子曰:'吾欲观于转附、朝儛,遵海而南,放于琅邪。吾何修而可以比于先王观也?'晏子对曰:'善哉问也!天子适诸侯曰巡狩,巡狩者巡所守也;诸侯朝于天子曰述职,述职者述所职也。无非事者。春省耕而补不足,秋省敛而助不给。'夏谚曰:'吾王不游,吾何以休?吾王不豫,吾何以助?一游一豫,为诸侯度。'今也不然:师行而粮食,饥者弗食,劳者弗息。睊睊胥谗,民乃作慝。方命虐民,饮食若流。流连荒亡,为诸侯忧。从流下而忘反谓之流,从流上而忘反谓之连,从兽无厌谓之荒,乐酒无厌谓之亡。先王无流连之乐,荒亡之行。惟君所行也。

景公说，大戒于国，出舍于郊，于是始兴发补不足。召大师曰：'为我作君臣相说之乐！'盖《徵招》《角招》是也。其诗曰：'畜君何尤？'畜君者，好君也。"

简答题：齐宣王见孟子于雪宫中，孟子提出了怎样的政治理想？

_____

_____

_____

_____

答案：孟子在会见齐宣王的时候阐释了"乐民之乐者，民亦乐其乐；忧民之忧者，民亦忧其忧"的观点，表现了君主与民同乐的政治理想，民本思想是儒学中的民主思想。孟子的政治理想是儒家对于君主的理想要求，儒家从来不赞成独裁专制，相反，一代又一代的儒家学者都竭尽所能要求君王尊重人民。

　　齐宣王问曰："汤放桀，武王伐纣，有诸？"

　　孟子对曰："于传有之。"

　　曰："臣弑其君可乎？"

　　曰："贼仁者谓之贼，贼义者谓之残，残贼之人谓之一夫。闻诛一夫纣矣，未闻弑君也。"

考点提炼

　　1.解释下列加点词语的意思

　　（1）汤放桀（　　）

　　（2）于传有之（　　）

　　（3）残贼之人谓之一夫（　　）

　　答案：（1）放：流放。（2）传：指传记。（3）一夫：独夫，指残暴无道、众叛亲离的统治者。

　　2.下列各项是对上面选段内容的理解，其中不正确的一项是（　　）

　　A.齐宣王认为君臣的名分是绝对不可更易的，质疑汤放桀，武王伐纣是以下犯上的举动，并且认为这种做法是极不正确的。

B. 孟子认为桀、纣都是残贼之人，是没有民众支持的独夫，算不得国君，所以流放他、讨伐他并没有什么不对。

C. 孟子认为君王必须有保民、养民的重大责任，如果失责，人民可以将他推翻。他认定，君若不君，便不能责怪臣之不臣。

D. 孟子指斥桀、纣都是残贼仁义的暴君，并以此严厉警告齐宣王，如果贼仁贼义，成为人人得而诛之的独夫，就要被流放，被讨伐。

答案：D。本题围绕"汤放桀，武王伐纣是否正当"这一问题展开理解，ABC 均是对文本内容的适"度"引申。而 D"并以此严厉警告齐宣王"有误，孟子对齐宣王是心平气和地"讽谏"，并非政治火药味十足的"严厉警告"；而且也不是仅仅针对齐宣王，而是借此阐明"民贵君轻"的观点。

3. "汤放桀，武王伐纣"是什么行为？

_____

_____

答案："诛一夫"的行为，是推翻暴政的行为。在儒家严格的"君君、臣臣、父父、子子"的等级体系中，臣放君、伐君为谋逆之举。而孟子则认为"民为贵，社稷次之，君为轻"。君有保民之责，此乃天意。君未尽其责，则为逆天之举。贤臣顺应天意民心推翻暴政、实行仁政，则是顺天应民之举。

卷三　公孙丑（上）

章节导读

本篇记录孟子关于仁、关于闻过及评价伯夷、柳下惠的言论。

公孙丑与孟子谈管仲与晏子之功，孟子说："你真是个齐国人，只知管仲与晏子，曾西都耻于跟管仲那样的人相比。"孟子认为，当今称王之势已然足备，如果施仁政，人民就会高兴，就像把他们从倒悬的山崖上解救下来，施行仁政必将事半功倍。公孙丑又问："如果把齐相之位给你，你会不会恐惧怀疑？"孟子说："不会，告子不动摇意志比自己还早，更何况自己知道各家学说，识别它们的是非，更善于培养自己的浩然之气。"他说："浩然之气用正直去培养，就会充塞于天地之间。"

孟子还说："伯夷不认可的人不事、不交、不言，心胸太狭隘了，而柳下惠与任何人在一起都悠然自得，毫不失态。胸怀狭隘和不够严肃都不是君子所学习的。"他还认为，凭借道德、施行仁义而称王的人，不一定要有强大的国力。有仁德就光荣，没有仁德就耻辱。君主尊贤使能俊杰在位，商、关、农、居都让百姓满意，那他是顺应天命来治理天下的仁君。

必考段落

（公孙丑问曰）："敢问夫子恶乎长？"

曰："我知言，我善养吾浩然之气。"

"敢问何谓浩然之气？"

曰："难言也。其为气也，至大至刚，以直养而无害，则塞于天地之间。其为气也，配义与道；无是，馁也。是集义所生者，非义袭而取之也。行有不慊于心，则馁矣。我故曰，告子未尝知义，以其外之也。必有事焉而勿正，心勿忘，勿助长也。无若宋人然：宋人有闵其苗之不长而揠之者，芒芒然归，谓其人曰：'今日病矣，予助苗长矣。'其子趋而往视之，苗则槁矣。天下之不助苗长者寡矣。以为无益而舍之者，不耘苗者也；助之长者，揠苗者也。非徒无益，而又害之。"

1. 下列加点的字注音完全正确的一项是（　　）

A. 恶乎长（zhǎng）　　馁（něi）也　　慊（qiè）于心

B. 塞（shāi）于天地间　闵（mǐn）其苗　揠（yà）苗

C. 畎（quǎn）亩　　　傅说（yuè）　　胶鬲（gé）

D. 拂（fú）乱　　　　拂（fú）士　　　曾（zēng）益

答案：C（A.长：cháng，B.塞：sè，D.拂：bì）

2. 下列加点词解释正确的一项是（　　）

A. 揠（拔）之　苗槁（枯干）　诚（果真）大丈夫

B. 焉（哪里，怎么）得　父命（训导）之　富贵不淫（惑乱）

C. 发（兴起）于畎亩　举于士（监狱）　举于市（市场）

D. 人恒（永久）过　至（极）大至刚　塞（充满）于天地

答案：B（A.诚：确实，C.士：狱官之长，D.恒：常）

3. 下列句子中的"病"字，意义相同的两项是（　　）

A. 今日病矣，予助苗长矣。

B. 尧舜其犹病诸。

C. 予购三百盆，皆病者，无一完者。

D. 君子病无能焉，不病人之不己知也。

答案：BD（B和D中的"病"字都是"忧虑"之意，A中的"病"字是"疲累"，C中的"病"字是"病态的之意"）

4. 文中使用"揠苗助长"这个寓言,想要说明什么道理?下列表述不正确的一项是（   ）

A. 要养成正大刚直之气，只管"集义"，只管使自己做每一件事都合乎义。

B. 要养成正大刚直之气，做事要顺其自然。

C. 说明教育孩子，要符合孩子自身特点，不要超前。

D. 从反面说明，要养成正大刚直之气，不要急功近利，那样做只会有害。

答案：C（这不是孟子的意思）

必考段落

孟子曰："人皆有不忍人之心。先王有不忍人之心，斯有不忍之政矣。以不忍人之心，行不忍人之政，治天下可运之掌上。所以谓人皆有不忍人之心者，今人乍见孺子将入于井，皆有怵惕恻隐之心。非所以内交于孺子之父母也，非所以要誉于乡党朋友也，非恶其声而然也。由是观之，无恻隐之心，非人也；无羞恶之心，非人也；无辞让之心，非人也；无是非之心，非人也。恻隐之心，仁之端也；羞恶之心，义之端也；辞让之心，礼之端也；是非之心，智之端也。人之有是四端也，犹其有四体也。有是四端而自谓不能者，自贼者也；谓其君不能者，贼其君者也。凡有四端于我者，知皆扩而充之矣，若火之始然，泉之始达。苟能充之，足以保四海；苟不能充之，不足以事父母。"

考点提炼

1. 下列语句中词语解释有误的一项是（　　）

A. 恻隐之心，仁之端也　　　　端：发端，萌芽

B. 仁义礼智，非由外铄我也　　铄：从外部给予

C. 强恕而行，求仁莫近焉　　　强：竭力、尽力

D. 苟为不熟　　　　　　　　　熟：熟悉

答案：D，"熟"的意思是"生长成熟"。

2. 把下面的句子翻译成现代汉语。

非所以内交于孺子之父母也，非所以要誉于乡党朋友也，非恶其声而然也。

_____

_____

答案:（现在人们猛地看到一个孩子将要落入井中，都会产生惊慌不忍的心情）不是因为（人们）想要去结交这孩子的父母，不是因为（人们）想要在乡邻朋友中博取美名，也不是因为（人们）厌恶这孩子的哭叫声才产生这种恻隐施救的心理。

卷四　公孙丑（下）

章节导读

　　本章主要记述孟子在齐国的言论和活动。孟子倡导"得道多助，失道寡助""天时不如地利，地利不如人和"。孟子抱着一展宏图、救天下人的宏愿来到齐国，而齐国统治者却不能重用他。孟子主张爱民、薄赋、休养生息，让百姓过上温饱的生活。但齐国统治者却横征暴敛、贪婪盘剥。孟子还主张和邻国睦邻友好，可齐国统治者却不断发动战争。孟子看到齐国统治者的为政之道与自己的追求相悖，最后离开了齐国。

　　他对不能礼贤的齐王称病；受薛、宋少金，不受齐王有收买之嫌的多金；用恐惧心认为自己有罪的事，委婉地劝谏齐王自省其罪；在不失礼制又条件允许的时候，不怕别人非议，为母办丧事不爱惜财物。在离开齐国的时候，住在"昼"地三天三夜，希望齐王能反招自己，没有等到齐王，最后离开齐国，住在休地。

必考段落

孟子曰："天时不如地利，地利不如人和。三里之城，七里之郭，环而攻之而不胜。夫环而攻之，必有得天时者矣；然而不胜者，是天时不如地利也。城非不高也，池非不深也，兵革非不坚利也，米粟非不多也；委而去之，是地利不如人和也。故曰：域民不以封疆之界，固国不以山溪之险，威天下不以兵革之利。得道者多助，失道者寡助。寡助之至，亲戚畔之；多助之至，天下顺之。以天下之所顺，攻亲戚之所畔；故君子有不战，战必胜矣。"

考点提炼

1. 本文作者是_____，我们还学过他的文章_____。

答案：孟子；《生于忧患，死于安乐》/《王顾左右而言他》

2. 下列对文章理解不恰当的一项是（　　）

A. 文中的"天时""地利""人和"指作战取胜所凭借的条件。

B. 作者把"人和"确定为决定战争胜负诸多因素中关键所在。

C. 作者分析作战时各因素的关系，总结了巩固国家的诸多方法。

D. "得道者多助，失道者寡助"是作者意在劝说国君施行仁政。

答案：C（没有总结巩固国家的诸多方法）

3. 本文的论点是什么？

_____

答案：本文的论点是"天时不如地利，地利不如人和"。

4. 本文的论据是什么？

_____

答案："三里之城，七里之郭，环而攻之而不胜。""城非不高也，池非不深也，兵革非不坚利也，米粟非不多也；委而去之",两个论据分别证明"天时不如地利,地利不如人和"。

5. 本文的论证方法是什么?

———————————————————————

———————————————————————

答案:既摆事实,又讲道理。先用"环攻不胜"和"委而去之"两个论据证明论点;然后又用"域民不以封疆之界,固国不以山溪之险,威天下不以兵革之利"的道理从反面强调"人和"的重要性。

6. 本文主要使用了什么修辞手法? 其作用是什么?

———————————————————————

———————————————————————

答案:排比。 增强论述的语气。

卷五　滕文公（上）

　　本章记录孟子在滕国的经历。滕文公曾两次向孟子求教，孟子向滕文公称赞尧舜。滕文公派人向孟子询问滕定公丧事之礼，孟子以孔子礼告之。于是太子搭吊丧棚，在里面住了五个月守丧，没下什么命令，宗长及文武百官都非常认可，并说太子懂得礼节。安葬那天，四面八方的人们都来观看。太子面色悲戚，哭泣哀伤，吊丧的人们大为感动。问为政。孟子说，首先人民的事情不容迟缓；其次人民安定了就设庠、序、学、校（庠是培养、序是陈列、学校是教育；地方学校，夏称"校"、周称"庠"、殷称"序"、国家设立的称"学"）；关于井田，一定要划清田界，否则官员的俸禄就会不公平。

　　此外，孟子对于归滕的人们进行开导，社会秩序有劳心与劳力的区别，把这些看作是一种社会分工，是理所当然。他竭力反对统治者和平民"并耕而食，饔飧而治"的农家主张。

卷六　滕文公（下）

章节导读

　　本章记录了孟子与陈代、景春、彭更、万章、戴不胜、公孙丑、戴盈之等人的对话，分别表达了孟子"与小人打猎就是猎物堆积如山，也不做；如果委屈正道去迎合他人，那就不成体统；自己不是正直的人，是不能使他人正直起来"的思想。表达了孟子"大丈夫"气概。大丈夫要做到：富贵不能淫，贫贱不能移，威武不能屈；要"居天下之广居，立天下之正位，行天下之大道；得志与民由之，不得志独行其道"。

　　孟子说，不是正确的途径，哪怕一竹篮的饭也不敢领受，强调行业分工。

　　万章问孟子，宋国就是一个小国，准备推行仁政，齐国和楚国感到憎恶要来攻伐，该怎么办？孟子说，不推行仁政就无话可说，如果推行仁政，全天下都翘首盼望，都想拥他做君王。齐国、楚国虽强大，又有什么值得害怕的呢？孟子还强调，环境对人影响大；强调君子修养；强调对的事情，不可拖缓，要立刻去做。

必考段落

景春曰："公孙衍、张仪岂不诚大丈夫哉？一怒而诸侯惧，安居而天下熄。"

孟子曰："是焉得为大丈夫乎？子未学礼乎？丈夫之冠也，父命之；女子之嫁也，母命之，往送之门，戒之曰：'往之女家，必敬必戒，无违夫子！'以顺为正者，妾妇之道也。居天下之广居，立天下之正位，行天下之大道。得志与民由之，不得志独行其道。富贵不能淫，贫贱不能移，威武不能屈，此之谓大丈夫。"

考点提炼

1.根据要求，完成下列两小题。

（1）解释下列句中加点词的意思。

①妾妇之道（　　）　　　②是焉得为大丈夫乎（　　　）

③居天下之广居（　　）　④无违夫子（　　　）

答案：①方法　②这，这样的人　③居住　④违背

（2）下列各句中加点的"之"与例句中"之"的用法相同的一项是（　）

例句：女子之嫁也

A. 悍吏之来吾乡（《捕蛇者说》）

B. 至之市而忘操之。（《郑人买履》）

C. 知之为知之，不知为不知（《论语·为政》）

D. 如使人之所欲莫甚于生（《孟子·鱼我所欲也》）

答案：A

2. 下列停顿正确的一项是（　）

A. 得志与民 / 由之不得志 / 独行其道 /

B. 得志与民 / 由之不得志 / 独行其道 /

C. 得志 / 与民 / 由之 / 不得志 / 独行 / 其道 /

D. 得志 / 与民由之 / 不得志 / 独行其道 /

答案：D

3. 翻译句子：富贵不能淫，贫贱不能移，威武不能屈，此之谓大丈夫。

_____

_____

答案：金钱和地位不能使其迷惑（或扰乱心意），贫穷卑贱不能使其改变（道德修养），威逼利诱不能使其屈服。这样（的人）才叫作大丈夫！

4. 孟子否定景春的理由是什么？举例说明你对大丈夫的理解。

_____

_____

答案：孟子认为公孙衍、张仪之流靠摇唇鼓舌、曲意顺从诸侯的意思往上爬，没有仁义道德的原则，因此，不过是小人，他们奉行的是"委妇之道"，哪里谈得上是大丈夫呢？

必考段落

戴盈之曰："什一，去关市之征，今兹未能。请轻之，以待来年，然后已，何如？"

孟子曰："今有人日攘其邻之鸡者，或告之曰：'是非君子之道。'曰：'请损之，月攘一鸡，以待来年，然后已。'如知其非义，斯速已矣，何待来年？"

1.解释下列加点的词。

①去关市之征（　　　）

②是非君子之道（　　　）

③今有人日攘其邻之鸡者（　　　）

答案：①免去　②这　③偷窃，盗窃

2.翻译句子：今有人日攘其邻之鸡者。

_____

答案：现在有一个每天都偷他的邻居一只鸡的人。

3.本文讲述的道理是_____

_____

答案：为百姓做好事应该加快速度，而不是要拖延。

卷七　离娄（上）

　　本章记录孟子关于仁政、仁德的言论。孟子说，就是有离娄的视力、鲁班的技巧，如果不使用圆规与直角尺，也难以画出方与圆来；就是有师旷的听力，如果不使用六律，也难以校正五音；就是有尧舜的道德，如果不实施仁政，也难以治理好天下。他提倡向圣人学习，认为"圆规与直角尺是画方圆的标准；圣人是做人的基本标准"。他还提倡向尧舜学习，认为，天下的根本是国，国之根本在家，家之根本在身。夏桀、殷纣之所以失去天下是因为失去了人民。他认为，为争夺土地帮助君王发动战争的人，搞"合纵连横"唆使诸侯作战的人，强迫百姓开荒种地增加税收的人都该受到刑罚。

　　关于仁德，孟子说："瞧不起自己的人不与他说话，抛弃自己的人不能同他做事。说话没有礼义，就是瞧不起自己；认为自身不能够居守仁德、顺从道义，就是抛弃自己。仁德是人最安乐的住宅；道义是人最正确的道路。"

孟子曰："桀纣之失天下也，失其民也；失其民者，失其心也。得天下有道：得其民，斯得天下矣；得其民有道：得其心，斯得民矣；得其心有道：所欲与之聚之，所恶勿施尔也。民之归仁也，犹水之就下、兽之走圹也。故为渊驱鱼者，獭也；为丛驱爵者，鹯也；为汤、武驱民者，桀与纣也。今天下之君有好仁者，则诸侯皆为之驱矣。虽欲无王，不可得已。今之欲王者，犹七年之病求三年之艾也。苟为不畜，终身不得。苟不志于仁，终身忧辱，以陷于死亡。诗云'其何能淑，载胥及溺'，此之谓也。"

考点提炼

1.解释加点字词

（1）得天下有道（　　　）

（2）得其民，斯得天下矣（　　　）

（3）犹水之就下、兽之走圹也（　　　）

（4）故为渊驱鱼者，獭也（　　　）

（5）虽欲无王，不可得已。（　　　）（　　　）

（6）苟为不畜，终身不得。（　　）（　　）

（7）苟不志于仁，终身忧辱（　　）

答案：（1）道：办法。（2）斯：这样。（3）圹：同"旷"，旷野。（4）为：介词，替、给。（5）欲：想。得：能够。（6）畜：通"蓄"，积聚。得：得到。（7）忧辱：忧愁受辱。

2.《孟子·离娄上》选文中孟子是怎样论证"得天下"与"失天下"的？

_____

_____

答案：得民心者得天下，失民心者失天下；仁者得天下，不仁者则失。

必考段落

孟子曰："自暴者，不可与有言也；自弃者，不可与有为也。言非礼义，谓之自暴也；吾身不能居仁由义，谓之自弃也。仁，人之安宅也；义，人之正路也。旷安宅而弗居，舍正路而不由，哀哉！"

考点提炼

翻译句子

（1）旷安宅而弗居，舍正路而不由，哀哉！

_____

_____

答案：空着安适的住宅不去居住，舍弃正确的道路不去行走，可悲啊！

（2）自暴者，不可与有言也；自弃者，不可与有为也。

_____

_____

答案：自害其身的人不能和他有什么（有价值的）言语，自弃其身的人不能和他有什么（有价值的）事业。

必考段落

孟子曰："爱人不亲，反其仁；治人不治，反其智；礼人不答，反其敬。行有不得者皆反求诸己，其身正而天下归之。《诗》云：'永言配命，自求多福。'"

1. 下列句子停顿正确的一项是（　　）

A. 行有不得者 / 皆反求诸己 / 其身正而天下归之 /

B. 行有不得者 / 皆反 / 求诸己 / 其身正而天下归之 /

C. 行有不得者皆反求诸己 / 其身正而天下归之 /

D. 行有不得者皆反 / 求诸己 / 其身正而天下归之 /

答案：C

2. 把下面的句子翻译成现代汉语

（1）爱人不亲，反其仁。

译文：_____

_____

（2）行有不得者皆反求诸己，其身正而天下归之。

译文：_____

_____

答案:（1）爱别人,别人却不亲近自己,要反省自己的仁。

（2）（如果）行动有没达到预期的效果，都要反省自己，从自己身上找原因。自己持身端正，天下的人都会归向他。

3. 孟子的这段话，阐述的是怎样才能达到"人和"的道理。用自己的话说说孟子所阐述的道理。

_____

_____

答案：每个人都应该"以仁""以礼""以智"待人，同时还要不断反省自己，提高自己，端正自身，才能达到"人和"的境界。

卷八　离娄（下）

本章借古人、今人，古事、今事来阐发自己"道同"、为人、为事的观点。

孟子说：舜和周文王，生活的地方相差一千多里，时代相距一千多年，然而他们的准则是一样的，因而两个都是圣王。他还说：虽然大禹、稷和颜回处世态度不同，但他们都能急人之困。如果他们相互"穿越"一下，也一定都能做到彼此。

孟子还说："国君将臣下当手足，臣下就会把国君当心腹；

国君将臣下当草芥，臣下就会将国君当敌人。"他还说：国君有仁德，谁都会有仁德；国君持守道义，谁都会有道义。他赞扬禹恶美酒爱善言；汤不拘泥择贤才；文王爱民甚于爱真理；武王不怠慢朝臣，也不忘边远臣子。他评论臣子：子产用自己乘坐的车子帮人渡水，不如操持好政事，修人、车通行桥。希望人，寻求发财做官的方法，不要让妻儿感到羞耻。他认为，君子：在学问上想达到精深的程度要有正确方法。用自己的长处服人，不行；用自己的长处帮人，才能使人心服。如果名声超过了实情，君子会感到羞耻。人之所以不同于禽兽的地方很少了，君子却保留着，君子所以与别人不同，是君子心怀仁、礼。他劝诫众人：忠直、有才干的人帮助不忠直、无才干的人，而不要瞧不起他们，这样贤能与没出息的人就相近了。人只有对某些事舍弃不干，才能有所作为。

必考段落

　　孟子曰："君子所以异于人者，以其存心也。君子以仁存心，以礼存心。仁者爱人，有礼者敬人。爱人者人恒爱之，敬人者人恒敬之。有人于此，其待我以横逆，则君子必自反也：我必不仁也，必无礼也，此物奚宜至哉？其自反而仁矣，自反而有礼矣，其横逆由是也，君子必自反也：我必不忠。自反而忠矣，其横逆由是也，君子曰：'此亦妄人也已矣。如此则与禽兽奚择哉？于禽兽又何难焉？'是故君子有终身之忧，无一朝之患也。乃若所忧则有之：舜人也，我亦人也。舜为法于天下，可传于后世。我由未免为乡人也，是则可忧也。忧之如何？如舜而已矣。若夫君子所患则亡矣。非仁无为也，非礼无行也。如有一朝之患，则君子不患矣。"

考点提炼

1. 翻译句子

（1）君子所以异于人者，以其存心也。

_____

_____

答案：君子之所以不同于一般人，是因为他保留了人的不忍人之心或者赤子之心。

（2）此亦妄人也已矣。如此则与禽兽奚择哉？于禽兽又何难焉？

_____

_____

答案：这不过是个狂人罢了。像他这样，同禽兽有什么区别呢？对于禽兽又有什么可责难的呢？

2. 本选段表现了孟子什么样的观点？

_____

答案：君子要以仁存心，以礼存心。

◇ 必考段落 ◇

孟子曰："人之所以异于禽兽者几希，庶民去之，君子存之。舜明于庶物，察于人伦，由仁义行。非行仁义也。"

◇ 考点提炼 ◇

翻译句子

（1）人之所以异于禽兽者几希，庶民去之，君子存之。

_____

_____

答案：人之所以不同于禽兽的地方很细小，百姓把它丢弃了，君子把它保留了。

（2）舜明于庶物，察于人伦，由仁义行。非行仁义也。

答案:舜懂得万物的原理,明白做人的道理,遵从内心的仁义之理行事,而不是去(带有目的性,甚至功利性地)推行仁义。

必考段落

齐人有一妻一妾而处室者,其良人出,则必餍酒肉而后反。其妻问所与饮食者,则尽富贵也。其妻告其妾曰:“良人出,则必餍酒肉而后反;问其与饮食者,尽富贵也,而未尝有显者来,吾将瞷良人之所之也。”

蚤起,施从良人之所之,遍国中无与立谈者。卒之东郭墦间,之祭者,乞其余;不足,又顾而之他,此其为餍足之道也。

其妻归,告其妾,曰:“良人者,所仰望而终身也,今若此!”与其妾讪其良人,而相泣于中庭,而良人未之知也,施施从外来,骄其妻妾。

由君子观之,则人之所以求富贵利达者,其妻妾不羞也,而不相泣者,几希矣。

1. 对下列句子中加点的字的解释，不正确的一项是（　　）

A. 则必餍酒肉而后反　　　　餍：满足

B. 吾将瞯瞯良人之所之也瞯：观察

C. 卒之东郭墦间　　　　　　墦：坟墓

D. 与其妾讪其良人　　　　　讪：讥讽

答案：B（暗中察看）

2. 下列句子中没有通假字的一项是（　　）

A. 则必餍酒肉而后反

B. 蚤起

C. 施从良人之所之

D. 与其妾讪其良人

答案：D

3. 下列句子中句式不同类的一项是（　　）

A. 良人者，所仰望而终身也

B. 此其为餍足之道也

C. 项伯者，项羽季父也

D. 而良人未之知也

答案：D

4. 下列句子停顿正确的一项是（　　）

A. 卒之东郭墦间 / 之祭者 / 乞其余 / 不足 / 又顾而之他 /

B. 卒之东郭墦间 / 之祭者 / 乞其余不足 / 又顾而之他 /

C. 卒之 / 东郭墦间之祭者 / 乞其余不足 / 又顾而之他 /

D. 卒之 / 东郭墦间之祭者 / 乞其余 / 不足 / 又顾而之他 /

答案：A

5. 下列对原文有关内容的分析，不恰当的一项是（　　）

A. 这个短小精悍的故事完全是按照空间顺序安排的。

B. 本文在写作上最突出的特点是通篇运用譬喻，近乎成为寓言故事。汉人赵岐在《孟子题辞》中说孟子"长于比喻"，这话颇有道理。

C. 本文初步具备了小说的三要素，人物、情节和环境，开短篇小说之先河。

D. 作者在文末以简净的语言点明寓意，揭露当时达官贵人们追求功名利禄的手段完全跟这位乞讨祭食的良人一样无耻，连他们的妻妾都感到十分羞耻。

答案：A（时间顺序）

卷九　万章（上）

　　本章主要围绕尧舜禹传位之事展开，表达孟子"君命天授"，民命即天命的思想。他说尧将君位传给舜，舜为避位尧的儿子，逃到河南。但诸侯朝见、百姓打官司都不到尧的儿子那里，却到舜那里；舜传禹也一样；但禹传伯益却不同，诸侯、百姓不去伯益那里，却到禹的儿子启那里，所以启就做了国君。尧的儿子丹朱不及舜贤，舜的儿子不及禹贤，而禹的儿子启比伯益贤，上天要把君位传给贤人，不论他是不是君王的儿子。

　　舜仁德，做了天子，把共工等四个罪人流放，天下归服。对天天把谋杀舜作为自己必做事业的弟弟象，不仅封君，还派人帮他治国，是仁人对弟弟的做法。舜接受尧及父亲瞽瞍朝拜时一副敬畏的样子，瞽瞍也就很和顺了。

　　孟子说，伊尹在原野耕种，后以尧舜之道事汤，是把天下重担挑在自己肩上的表现，不是以烹调技艺为求获商汤欢心。他还说，百里奚有识君之明，所以不劝虞君，而终事秦王。

万章曰："尧以天下与舜，有诸？"

孟子曰："否，天子不能以天下与人。"

"然则舜有天下也，孰与之？"

曰："天与之。"

"天与之者，谆谆然命之乎？"

曰："否，天不言，以行与事示之而已矣。"

曰："以行与事示之者，如之何？"

曰："天子能荐人于天，不能使天与之天下；诸侯能荐人于天子，不能使天子与之诸侯；大夫能荐人于诸侯，不能使诸侯与之大夫。昔者尧荐舜于天而天受之；暴之于民而民受之，故曰，天不言，以行与事示之而已矣。"

曰："敢问荐之于天而天受之，暴之于民而民受之，如何？"

曰："使之主祭而百神享之，是天受之；使之主事而事治，百姓安之，是民受之也。天与之，人与之，故曰：天子不能以天下与人。舜相尧二十有八载，非人之所能为也，天也。尧崩，三年之丧毕，舜避尧之子于南河之南。天下诸侯朝觐者，不之尧之子而之舜；讼狱者，不之尧之子而之舜；讴歌者，不讴歌尧之子而讴歌舜，故曰天也。夫然后之中国，践天子位焉。而居尧之宫，逼尧之子，是篡也，非天与也。《太誓》曰：'天视自我民视，天听自我民听。'此之谓也。"

考点提炼

1. 加点词解释有误的一项是（　　）

A. 谆谆然命之乎　　　　　　　　命：命令

B. 暴之于民而民受之　　　　　　暴：公开、公布

C. 践天子位焉　　　　　　　　　践：登上

D. 使之主祭而百神享之，是天受之　受：接受

答案：A　命：任命委派

2. 下面的句子，加点的字在意义及用法上相同的一项是（　　）

A. 然则舜有天下也，孰与之？　　此之谓也

B. 使之主祭而百神享之　　　尧荐舜于天而天受之

C. 谆谆然命之乎　　　夫然后之中国

D. 尧以天下与舜，有诸　天不言，以行与事示之而已矣

答案：B。B. 都表顺承，"然后"。A. 代词 / 提宾标志。C. 形容词词尾"……的样子"/ 代词"这样"。D. 介词"把"/ 介词"用，凭借"。

3. 与"天下诸侯朝觐者不之尧之子而之舜"句式相同的一项是（　　）

A. 天与之者，谆谆然命之乎

B. 讼狱者不之尧之子而之舜

C. 荐之于天而天受之

D. 麾下壮士骑从者八百余人

答案：D　D 项与例句均为定语后置句。

卷十　万章（下）

　　孟子说，目不视邪恶之色，耳不听邪恶之声的圣人伯夷，是圣人之中的清高者；放下耕种，准备以尧舜之道唤醒人民的伊尹，是圣人之中的负责者；不因服侍做坏事的国君而感到羞耻，也不因为职位低下感到卑贱，没有受到举荐也不怨恨，处于困境也不忧愁的柳下惠是圣人中的随和者；而孔子是圣人之中的识时务者，集大成者！

　　对于交友，孟子说，不能恃年长，不能恃尊贵，不能仗势力，要以道德交友。乡里德高者与另一乡德高者交；国之德高者与另一国德高者交；天下德高者与天下德高者交；还觉得不够，就去到古人中找德高者交。

　　对于馈赠，受与不受看是否合乎"礼"，对诸侯，见与不见也皆看是否合乎"礼义"。

卷十一　告子（上）

本章关乎仁、关乎性善与自身修养。

孟子对告子说，人性像杞柳，仁义像杯盘，将人性改造成仁义就像把杞柳制成杯盘是错误的；人性是善良的，就像水向低处流淌一样；与生俱来谓本性，反对告子将人的自然本性与人的本性看作是一样的；反对告子仁内、义外的说法，认为行为表达内心的恭敬。孟子还说舍生取义。丢失鸡犬知道寻找，丢失仁义却不去寻找，可悲!

孟子对公都子说，敬兄、敬乡、敬祭皆出于内；人人都有同情心、羞耻心、恭敬心、是非心，它们分明代表人的仁、义、礼、智。求取就能得到它，放弃就会失去它。

孟子说，弈秋同时教两人下棋，一个专心，一个专想射天鹅；想射天鹅的智商不一定不高，但成绩一定不佳。学问之路，就是把丢失的本心找回来。手指不如常人知道讨厌，心灵不如常人却不知讨厌，这样的人叫不知道轻重。他指出：

有些人，爱护自身不如爱护桐树、梓树。人自身的保养，不能因小害大。人修自然爵位，即仁义忠信，社会的爵位就会跟从而来。他还说，他人赋予的尊贵，不是真的尊贵，修养自己的仁义道德就不会羡慕他人的美味与华服了。

必考段落

孟子曰："五谷者，种之美者也；苟为不熟，不如荑稗。夫仁亦在乎熟之而已矣。"

考点提炼

翻译句子

（1）五谷者，种之美者也；苟为不熟，不如荑稗。

_____

（2）夫仁亦在乎熟之而已矣。

_____

答案：

（1）五谷是作物中的优良者，但是如果不成熟还及不上稀米、稗草。

（2）仁，也在于使之成熟。

必考段落

孟子曰："乃若其情，则可以为善矣，乃所谓善也。若夫为不善，非才之罪也。恻隐之心，人皆有之；羞恶之心，人皆有之；恭敬之心，人皆有之；是非之心，人皆有之。恻隐之心，仁也；羞恶之心，义也；恭敬之心，礼也；是非之心，智也。仁义礼智，非由外铄我也，我固有之也，弗思耳矣。故曰：'求则得之，舍则失之。'或相倍蓰而无算者，不能尽其才者也。……"

考点提炼

1. 下列句子全都反映孟子"性本善"思想的一组是（　）
①性无善无不善也　②陛可以为善，可以为不善　③乃若其情，则可以为善矣　④恻隐之心，人皆有之　⑤仁义礼智，非由外铄我也，我固有之也
A. ②③⑤　B. ②④⑤　C. ③④⑤　D. ①③④
答案：C。有①②的排除，①说的是人性无所谓善良，

②是说人性有善良的一面，也有不善良的一面。

2. 有人表现的不是人性善良的一面，而是人性丑恶的一面，对于这一现象，孟子是怎样来解释的?

_____

_____

答案：孟子认为从天生的资质看，每个人都是善的、都有善端，每个人都有可以为善的"四心"：恻隐心、羞耻心、恭敬心、是非心，它们生发为仁义礼智；之所以会有人表现为丑恶的一面，不是这些人的本性丑恶，而是他们没有去探求仁义礼智，而是放弃了仁义礼智。

必考段落

孟子曰："鱼，我所欲也；熊掌，亦我所欲也，二者不可得兼，舍鱼而取熊掌者也。生亦我所欲也，义亦我所欲也，二者不可得兼，舍生而取义者也。生亦我所欲，所欲有甚于生者，故不为苟得也；死亦我所恶，所恶有甚于死者，故患有所不辟也。如使人之所欲莫甚于生，则凡可以得生者，何不用也？使人之所恶莫甚于死者，则凡可以辟患者，何不为也！由是则生而有不用也，由是则可以辟患而有不为也，是故所欲有甚于生者，所恶有甚于死者，非独贤者有是心也，人皆有之，贤者能勿丧耳。一箪食，一豆羹，得之则生，弗得则死。嘑尔而与之，行道之人弗受；蹴尔而与之，乞人不屑也。万钟则不辨礼义而受之。万钟于我何加焉？为宫室之美、妻妾之奉、所识穷乏者得我与？向为身死而不受，今为宫室之美为之；向为身死而不受，今为妻妾之奉为之；向为身死而不受，今为所识穷乏者得我而为之，是亦不可以已乎？此之谓失其本心。"

考点提炼

1.对下列句子中加点词语的解释，不正确的一项是（　　）

A.二者不可得兼　　　　兼:同时

B.蹴尔而与之　　　　　蹴:踩踏

C.万钟于我何加焉　　　加:施加

D.所识穷乏者得我与　　得:通"德"，感恩

答案: C

2.下列对原文有关内容的概括和分析，不正确的一项是（　　）

A. 孟子从"鱼"与"熊掌"的选择联系到"生"与"义"的选择，自然通俗。

B. 孟子认为，人们可以忍受别人的羞辱去接受那些关乎性命的东西，合乎人性。

C. 孟子通过举例，告诫那些接受优厚俸禄的人也应该讲求"礼仪"，观点明确。

D. 孟子告诉人们，在面临各种各样的抉择时，应把正义放在首位，发人深思。

答案：B

3. 翻译下列句子

（1）嘑尔而与之_____

（2）所识穷乏者得我与_____

（3）向为身死而不受_____

（4）如使人之所欲莫甚于生，则凡可以得生者，何不用也？

_____

_____

（5）万钟则不辨礼义而受之。万钟于我何加焉？

_____

_____

答案：（1）呵斥着给他。（2）所认识的穷人感激我而接受吗？（3）过去宁肯身死也不接受。（4）假使人们的需求莫过于比生命更重要的，那么凡是可以求生的手段，哪有不使用的呢？（5）万钟的俸禄，如果不分辨是否合乎礼仪便欣然接受。万钟的俸禄对于我又有什么好处呢？

卷十二　告子（下）

章节导读

　　孟子认为，把民食大事、男女结合大事与礼的细枝末节相比就不只是吃与娶的问题了。他认为如果礼仪不周，虽然有礼物也不算享受了礼物。君子做不做官，也要看礼周与不周，为了温饱为官，只能叫活命而已。

　　孟子认为因喜好利益罢兵，服侍君主、父兄，完全不讲仁义，没有不亡国的；若以仁义罢兵、侍父兄，一定能天下称王。

　　孟子认为，君子处世，虽态度不同，但主旨都是"仁"；认为君子引导君王走正道，求仁德，不会白白夺取他国土地归自己，更何况通过杀人的战争夺取别国土地呢？孟子批评白圭，把邻国作为排水的地方，是仁德之人所厌恶的做法，作为国君讲信用才有节操。

　　孟子高兴善于听取有益之言的乐正子主持鲁国的政务，因为善于听取有益的意见，天下人就会不远千里来说有益的意见，这样的人能治理好天下，何况一个鲁国！他还认为："天将降大任于是人也，必先苦其心志，劳其筋骨，饿其体肤，空乏其身，行拂乱其所为，所以动心忍性，曾益其所不能。"

必考段落

　　宋牼将之楚，孟子遇于石丘。曰："先生将何之？"

　　曰："吾闻秦楚构兵，我将见楚王说而罢之。楚王不悦，我将见秦王说而罢之。二王我将有所遇焉。"

　　曰："轲也请无问其详，愿闻其指。说之将何如？"

　　曰："我将言其不利也。"

　　曰："先生之志则大矣，先生之号则不可。先生以利说秦楚之王，秦楚之王悦于利，以罢三军之师，是三军之士乐罢而悦于利也。为人臣者怀利以事其君，为人子者怀利以事其父，为人弟者怀利以事其兄，是君臣、父子、兄弟终去仁义，怀利以相接，然而不亡者，未之有也。先生以仁义说秦楚之王，秦楚之王悦于仁义，而罢三军之师，是三军之士乐罢而悦于仁义也。为人臣者怀仁义以事其君，为人子者怀仁义以事其父，为人弟者怀仁义以事其兄，是君臣、父子、兄弟去利，怀仁义以相接也，然而不王者，未之有也。何必曰利？"

考点提炼

1.解释下列句中加点的字词。

（1）吾闻秦楚构兵：_____

（2）怀利以相接：_____

（3）为人弟者怀利以事其兄：_____

（4）我将见楚王说而罢之：_____

答案：（1）交战 （2）交接、交往 （3）侍奉 （4）劝说

2.本篇采用_____的论证方法，证明的观点是_____。（用原句回答）

答案：正反对比　怀仁义以相接

3.下列句中加点的"而"的用法相同的一项是（　　）

A.我将见楚王说而罢之——鸡鸣而起

B. 不远千里而来——苟为后义而先利

C. 未有仁而遗其亲者也——陈利兵而谁何

D. 然而不王者，未之有也——王亦日仁义而已矣

答案：A

4. 本文在论证时分别从_____、_____、____

_____三方面正反对比，形成了颇有气势的_____句。

答案：为人臣者　为人子者　为人弟者　排比

5. 翻译下列句子。

（1）吾闻秦楚构兵，我将见楚王说而罢之。

译文：_____

_____

（2）是君臣、父子、兄弟去利，怀仁义以相接也。

译文：_____

_____

答案：（1）我听说秦国和楚国交战，我将要去拜见楚王，劝说他使他停止战争。（2）这样君臣之间、父子之间、兄弟之间剔除利益考量，而是怀着仁义之心来互相交往。

　　孟子曰："舜发于畎亩之中，傅说举于版筑之间，胶鬲举于鱼盐之中，管夷吾举于士，孙叔敖举于海，百里奚举于市。故天将降大任于是人也，必先苦其心志，劳其筋骨，饿其体肤，空乏其身，行拂乱其所为，所以动心忍性，曾益其所不能。人恒过，然后能改；困于心，衡于虑，而后作；征于色，发于声，而后喻，入则无法家拂士，出则无敌国外患者，国恒亡。然后知生于忧患而死于安乐也。"

考点提炼

　　1. 解释句中加点的字。

　　人恒过（　　　　）

　　饿其体肤（　　　　）

　　入则无法家拂士（　　　　）

　　答案：恒：常常　饿：使……受饥饿　拂：通"弼"，辅佐

　　2. 把下列句子翻译成现代汉语。

　　①征于色，发于声，而后喻。

答案：表现在脸色上，流露在言谈中，然后才被人知晓。
②然后知生于忧患而死于安乐也。

答案：这样之后才知道：人在忧患中才能生存，在安逸中却会灭亡。

3. 孟子认为，一个国家要想避免"恒亡"的命运，必须具备哪些条件？

答案：内要有法家拂士，外要有敌国外患。君主有"生于忧患而死于安乐"的忧患意识。

4. 本文的观点是什么？你从本文的学习中获得了怎样的启示？

答案：观点：生于忧患，死于安乐。启示：多难兴才，多难兴邦，等等。

卷十三　尽心（上）

开篇明宗：尽心，知性；知性，知命；安身立命。

孟子认为，尽心修身而死，是正常命运；戴着手铐脚镣而死，就不是正常命运了。让人反省自己，诚心地按照天性去做，就是最大的快乐。

孟子说，人不可没有羞耻之心。敬爱父母是仁，敬重兄长是义。不干自己不愿意干的事，不贪图自己不该要的东西，就可以了。他还说：遵守道义，以仁义为乐，就可以自得其乐了。"穷则独善其身，达则兼善天下"。人生三乐无他，"父母健在，兄弟安康；上不愧于天，下不怍于人；得天下英才而教育。"

孟子强调真正的仁义；强调公正之心；强调恭敬要有诚意；强调合乎礼义的接受；强调立足在仁中，行走在义的道路上。

君子的教育方式：雨润禾苗式，完美道德式，通达成才式，解问答疑式，促使自学式。高手立准则，有才能的人会跟上准则。

🔸必考段落🔸

孟子曰："鸡鸣而起，孳孳为善者，舜之徒也；鸡鸣而起，孳孳为利者，跖之徒也。欲知舜与跖之分，无他，利与善之间也。"

🔸考点提炼🔸

1. 下列各项中，对上面选段内容的理解不正确的一项是（　　）

A.孟子认为如果一味逐利，采取一切手段，不惜铤而走险，那就是"跖之徒"了。

B."孳孳"同孜孜，是勤勉不懈的意思。"孳孳为善者，舜之徒也"意思是孜孜不倦行善的人，是舜的徒弟。

C.本章生动地描绘了为善者和为利者这两类人的形象。

D.在孟子看来，舜和跖之所以相距甚远，究其根源，就在善与利的一念之差。

答案：B。不是徒弟，应是"舜这一类人"。

2. 孟子认为舜和盗跖的区别是什么，本段体现了他怎样的观点主张？

_____

_____

答案：舜追求义，盗跖追求利。孟子认为人的天性都是善的，人的善恶不同是因为后天的修为不同的缘故。如果每天起来都努力行善，久而久之，就跟舜是同类的人。相反地，每天起来想的都是牟利，不择手段，铤而走险，就会迷失本性，就跟盗跖没有什么分别了。

必考段落

孟子曰："仁言，不如仁声之入人深也。善政，不如善教之得民也。善政民畏之也，善教民爱之；善政得民财，善教得民心。"

翻译句子

（1）仁言，不如仁声之入人深也。善政，不如善教之得民也。

_____

_____

（2）善政民畏之也，善教民爱之，善政得民财，善教得民心。

_____

_____

答案：（1）仁德的言辞不如仁德的名望深入人心，良好的政治不如良好的教育能获得民心。

（2）良好的政治，百姓害怕（违背）它；良好的教育，百姓乐于接受它。良好的政治能聚敛百姓的财富，良好的教育能赢得民心的拥护。

必考段落

孟子曰："万物皆备于我矣。反身而诚，乐莫大焉。强恕而行，求仁莫近焉。"

翻译句子

（1）万物皆备于我矣：_____

_____

（2）强恕而行，求仁莫近焉：_____

_____

答案：（1）万物的自然道理都存在于自我的天性中；
（2）尽力实行将心比心的恕道，求仁的路，没有比这更近的了。

卷十四　尽心（下）

章节导读

　　本章孟子再次强调仁德。他评价梁惠王发动战争，是没有仁德。因为梁惠王把施加给不喜欢人身上的灾祸延及他亲近的人身上；而有仁德的人，会将施予自己所喜爱人的恩泽推广到所不喜爱的人身上。孟子说，春秋没有正义之战；有仁德的人讨伐无仁德的人不会造成血流成河；国君爱好仁德，就会有人民盼汤征讨，百姓向武士叩头，额头碰地，响声如山崩的事情。增强仁德的人，昏暗的世道也不会迷乱；不任贤才，国家就空虚，没有礼规就混乱，没有政务开支就会不富足。没有仁德可能得到国位，没有仁德却不可能得到全天下。把"仁"和"人"合起来就是道。

此外，孟子就生活中的许多问题阐述自己的看法。如匠人将技艺传授给他人，却不能保证他人手艺精湛；禹能随遇而安；你杀了别人父兄，人也要杀你父兄……

必考段落

孟子曰："民为贵，社稷次之，君为轻。是故得乎丘民而为天子，得乎天子为诸侯，得乎诸侯为大夫。诸侯危社稷，则变置。牺牲既成，粢盛既洁，祭祀以时，然而旱干水溢，则变置社稷。"

考点提炼

1.解释加点词

（1）民为贵，社稷次之，君为轻。（　　）

（2）是故得乎丘民而为天子。（　　　）

（3）牺牲既成，粢盛既洁。（　　　）

（4）然而旱干水溢，则变置社稷。（　　　）

答案:（1）社稷:土神和谷神,后来代指国家。（2）丘民:指庶民、众民。（3）牺牲:供祭祀用的牛、羊、猪等祭品。粢盛:盛在祭器内用来祭祀的谷物。（4）然而:这样却。

2.孟子为什么说"民为贵，社稷次之，君为轻"？

_____

_____

答案:百姓是社稷的基础,百姓安乐社稷才会安稳,百姓悲苦社稷就会动荡。所以,百姓与社稷比较,百姓重于社稷。无社稷则无以谈国君。社稷安则国君安,社稷乱则国君危。所以社稷与国君比较,社稷重于国君。

真题演练

1. （2013·中考辽宁省营口卷）阅读［甲］［乙］两个语段，回答（1）—（5）题。

　　［甲］舜发于畎亩之中，傅说举于版筑之间，胶鬲举于鱼盐之中，管夷吾举于士，孙叔敖举于海，百里奚举于市。故天将降大任于是人也，必先苦其心志，劳其筋骨，饿其体肤，空乏其身，行拂乱其所为，所以动心忍性，曾益其所不能。人恒过，然后能改；困于心，衡于虑，而后作；征于色，发于声，而后喻。入则无法家拂士，出则无敌国外患者，国恒亡。然后知生于忧患，而死于安乐也。

　　　　　　　　　　　——选自《孟子·告子下》

　　［乙］于是论次①其文。七年而太史公遭李陵之祸②，幽于缧绁③。乃喟然而叹曰："是余之罪也夫！是余之罪也夫！身毁不用矣！"退而深惟曰："夫《诗》《书》隐约者，欲遂其志之思也。昔西伯拘羑里④，演《周易》；孔子厄陈、蔡，作《春秋》；屈原放逐，著《离骚》；左丘失明，厥有《国语》；孙子膑脚，而论兵法；不韦迁蜀，世传《吕览》；韩非囚秦，《说难》《孤愤》；《诗》三百篇，大抵贤圣发愤之所为作也。此人皆意有所郁结，不得通其道也，故述往事，思来者。"于是卒述陶唐⑤以来至于麟⑥止自黄帝始。

　　　　　　　　　　　——节选自《太史公自序》

【注】①次：编次，整理。②李陵之祸：李陵兵败投降匈奴，司马迁认为他是难得的将才，在汉武帝面前为其辩解，因此被下狱问罪，处以宫刑。③缧绁（léi xiè）：原是捆绑犯人的绳索，这里引申为监狱。④羑（yǒu）里：古地名，今河南汤阴县北。⑤陶唐：唐尧，五帝之一。⑥麟：猎获一只白麟。文中借指汉武帝元狩元年，即公元前122年。

（1）结合文意解释下面句中加点的词。

①曾益其所不能　　②人恒过

③乃喟然而叹曰　　④故述往事

（2）用现代汉语翻译下列句子。

①困于心，衡于虑，而后作。

②《诗》三百篇，大抵贤圣发愤之所为作也。

（3）用"／"为下列句子断句。

于是卒述陶唐以来至于麟止自黄帝始。

（4）①［甲］文中孟子认为，一个国家要想避免"亡"的命运，必须具备哪些条件？请用自己的话概括回答。

_____

_____

②对［乙］文内容分析和概括不正确的一项是（　　）

A. 本文记叙了司马迁在遭受宫刑之后，忍辱完成

《史记》创作的过程。

B.司马迁借圣人贤士发愤著述的事来表明自己身处逆境自强的人生态度。

C.司马迁作《史记》是为了表达为李陵辩护一事的懊悔和对汉武帝的怨恨。

D.列举圣人贤士的事例，也含蓄地抒发了司马迁心中的抑郁不平之气。

（5）[乙]文中作者列举众多历史人物的事例，能证明[甲]文中哪一观点？

_____

_____

2. （2005·中考安徽省芜湖卷）阅读下文，回答（1）—（4）题。

天时不如地利，地利不如人和。三里之城，七里之郭，环而攻之而不胜。夫环而攻之，必有得天时者矣；然而不胜者，是天时不如地利也。城非不高也，池非不深也，兵革非不坚利也，米粟非不多也；委而去之，地利不如人和也。故曰，域民不以封疆之界，固国不以山溪之险，威天下不以兵革之利。得道者多助，失道者寡助。寡助之至，亲戚畔之；多助之至，天下顺之。

以天下之所顺，攻亲戚之所畔；故君子有不战，战必胜矣。

（1）解释下列加点的词在文中的意思。

A. 委而去之　　　　B. 亲戚畔之

（2）下列句子朗读停顿（"/"）标示正确的一项是（　　）

A. 天时 / 不如地 / 利 /

B. 必有 / 得天时 / 者矣 /

C. 城 / 非不高也 / 池 / 非不深也 /

D. 域 / 民不以 / 封疆之界 /

（3）把下列句子翻译成现代汉语。

故君子有不战，战必胜矣。

译文：＿＿＿＿＿＿＿＿＿＿＿＿＿＿＿＿＿＿

（4）对"天时""地利""人和"三者在军事上的不同作用，作者持怎样的看法？（用文中句子回答）

答：＿＿＿＿＿＿＿＿＿＿＿＿＿＿＿＿＿＿＿

＿＿＿＿＿＿＿＿＿＿＿＿＿＿＿＿＿＿＿＿＿

3. （2006·中考四川省攀枝花卷）阅读《〈孟子〉二章》，完成（1）—（4）小题。

《得道多助，失道寡助》

天时不如地利，地利不如人和。三里之城，七里之郭，环而攻之而不胜。夫环而攻之，必有得天时者矣；然而不胜者，是天时不如地利也。城非不高也，池非不深也，兵革非不坚利也，米粟非不多也；委而去之，是地利不如人和也。故曰，域民不以封疆之界，固国不以山溪之险，威天下不以兵革之利。得道者多助，失道者寡助。寡助之至，亲戚畔之；多助之至，天下顺之。以天下之所顺，攻亲戚之所畔；故君子有不战，战必胜矣。

《生于忧患，死于安乐》

舜发于畎亩之中，傅说举于版筑之间，胶鬲举于鱼盐之中，管夷吾举于士，孙叔敖举于海，百里奚举于市。故天将降大任于是人也，必先苦其心志，劳其筋骨，饿其体肤，空乏其身，行拂乱其所为，所以动心忍性，曾益其所不能。人恒过，然后能改；困于心，衡于虑，而后作；征于色，发于声，而后喻。入则无法家拂士，出则无敌国外患者，国恒亡。然后知生于忧患，而死于安乐也。

（1）下列加点的实词解释错误的一项是（　　）

A. 域民不以封疆之界　　　域：区域、地域

B. 寡助之至，亲戚畔之　　　畔：通"叛"，背叛

C. 傅说举于版筑之间　　　举：被选拔，被起用

D.必先苦其心志　苦：使……受苦

（2）下列四组虚词意义和用法相同的一项是（　）

A.固国不以山溪之险　属予作文以记之

B.环而攻之而不胜　杜少府之任蜀州

C.故天将降大任于是人也　曹操比于袁绍

D.择其善者而从之　征于色，发于声，而后喻

（3）选择对文章意思理解不正确的一项是（　）

A.《得道多助，失道寡助》一文作者强调了在治理国家中施行仁政的重要性。

B.《得道多助，失道寡助》一文论证了"天时不如地利，地利不如人和"这一中心论点。

C.遭腐刑而著《史记》的司马迁、幼年丧父发奋读书的欧阳修、身残志坚的张海迪等三人的故事不能证明"生于忧患"的道理。

D.《生于忧患，死于安乐》一文告诉了我们一个深刻的道理：苦难是对人生的一种磨炼，我们只有战胜苦难，才能取得成功。

（4）翻译句子：

①得道者多助，失道者寡助。

译文：_____

②以天下之所顺，攻亲戚之所畔；故君子有不战，战必胜矣。

译文：＿＿＿＿＿＿＿＿＿＿＿＿＿＿＿＿＿

③入则无法家拂士，出则无敌国外患者，国恒亡。

译文：＿＿＿＿＿＿＿＿＿＿＿＿＿＿＿＿＿

4. （2007·中考天津卷）阅读下面两个文言文语段，回答（1）—（5）题。

［甲］故曰，域民不以封疆之界，固国不以山溪之险，威天下不以兵革之利。得道者多助，失道者寡助。寡助之至，亲戚畔之；多助之至，天下顺之。以天下之所顺，攻亲戚之所畔；故君子有不战，战必胜矣。

［乙］孟子曰："桀、纣①之失天下也，失其民也；失其民者，失其心也。得天下有道：得其民，斯得天下矣。得其民有道：得其心，斯得民矣。得其心有道：所欲与②之聚之，所恶勿施尔也③。民之归仁也，犹水之就下，兽之走圹④也。"

【注】①指夏桀、商纣，古代的暴君。②与：同"为"，替的意思。③尔也：而已。④圹（kuàng）：原野。

（1）解释下列加点词在句中的具体含义。

①寡助之至（　　）　　②亲戚畔之（　　）

③所恶勿施尔也（　　）　④兽之走圹（　　）

（2）［甲］文认为"以天下之所顺，攻亲戚之所畔"的结果是怎样的，将这个句子写在下面，并加以翻译。

句子：_____

翻译：_____

（3）[甲]文说的"多助之至，天下顺之"的情形，在[乙]文中有形象的描绘。[乙]文中的这个句子是：

_____

（4）[乙]文中说到的"桀、纣"，其失天下的原因，用[甲]文的句子来解释就是：_____

（5）[甲]文说"得道者多助"，[乙]文说"得天下有道"。这两个"道"的意思一样吗？说说你的理解。

_____

_____

5.（2007·中考浙江省丽水卷）阅读下文，回答问题。

生于忧患，死于安乐

舜发于畎亩之中，傅说举于版筑之间，胶鬲举于鱼盐之中，管夷吾举于士，孙叔敖举于海，百里奚举于市，故天将降大任于是人也，必先苦其心志，劳其筋骨，饿其体肤，空乏其身，行拂乱其所为，所以动心忍性，曾益其所不能。人恒过然后能改，困于心衡于虑而后作，征于色发于声而后喻。入则无法家拂士，出则无敌国外患者，国恒亡，然后知生于忧患，而死于安乐也。

——《孟子·告子下》

（1）解释下列句子中加点的词。

A. 傅说举于版筑之间（　　　）

B. 故天将降大任于是人也（　　　）

C. 困于心衡于虑而后作（　　　）

D. 出则无敌国外患者（　　　）

（2）用现代汉语写出下列句子的意思。

①饿其体肤。

译文：_____

②人恒过然后能改。

译文：_____

（3）作者认为一个国家走向衰败灭亡的原因是
"_____"（用原文回答）

6. （2008·中考浙江省湖州卷）阅读下面文言文，完成下
列（1）—（3）题。

得道多助，失道寡助。天时不如地利，地利不如
人和。三里之城，七里之郭，环而攻之而不胜。夫环
而攻之，必有得天时者矣；然而不胜者，是天时不如
地利也。城非不高也，池非不深也，兵革非不坚利也，
米粟非不多也；委而去之，是地利不如人和也。故曰：

域民不以封疆之界，固国不以山溪之险，威天下不以兵革之利。得道者多助，失道者寡助。寡助之至，亲戚畔之；多助之至，天下顺之。以天下之所顺，攻亲戚之所畔；故君子有不战，战必胜矣。

——选自《孟子·公孙丑下》

（1）解释下列句子中加点的词。

①池非不深也＿＿＿＿＿＿＿＿＿＿＿＿＿＿＿＿＿＿

②兵革非不坚利也＿＿＿＿＿＿＿＿＿＿＿＿＿＿＿＿

③委而去之＿＿＿＿＿＿＿＿＿＿＿＿＿＿＿＿＿＿＿

（2）用现代汉语写出下列句子的意思。

寡助之至，亲戚畔之。

＿＿＿＿＿＿＿＿＿＿＿＿＿＿＿＿＿＿＿＿＿＿＿＿＿

＿＿＿＿＿＿＿＿＿＿＿＿＿＿＿＿＿＿＿＿＿＿＿＿＿

（3）结合现实，谈谈你对"得道者多助，失道者寡助"的理解。

答：＿＿＿＿＿＿＿＿＿＿＿＿＿＿＿＿＿＿＿＿＿＿＿

＿＿＿＿＿＿＿＿＿＿＿＿＿＿＿＿＿＿＿＿＿＿＿＿＿

7.（2008·中考四川省内江卷）阅读下面的文言文，完成（1）—（3）题。

天时不如地利，地利不如人和。三里之城，七里之郭，环而攻之而不胜。夫环而攻之，必有得天时者矣，然而不胜者，是天时不如地利也。城非不高也，池非不深也，兵革非不坚利也，米粟非不多也。委而去之，是地利不如人和也。故曰，域民不以封疆之界，固国不以山溪之险，威天下不以兵革之利。得道者多助，失道者寡助。寡助之至，亲戚畔之；多助之至，天下顺之。以天下之所顺，攻亲戚之所畔，故君子有不战，战必胜矣。

（1）对下面文句中加点字的解释有错的一项是（　　）

A. 委而去之（到……地方去）

B. 寡助之至，亲戚畔之（背叛）

C. 威天下不以兵革之利（兵器）

D. 以天下之所顺（用、靠）

（2）文中划线句"三里之城，七里之郭，…… 是地利不如人和也"论证的观点是：_____文中最能表达"人和"意思的是_____

（3）翻译下面句子。

域民不以封疆之界，固国不以山溪之险。

译文：_____

8.（2008·中考广西壮族自治区百色卷）阅读孟子"得道

多助，失道寡助"相关章节，完成（1）—（5）题。

天时不如地利，地利不如人和。三里之城，七里之郭，环而攻之而不胜。夫环而攻之，必有得天时者矣，然而不胜者，是天时不如地利也。城非不高也，池非不深也，兵革非不坚利也，米粟非不多也，委而去之，是地利不如人和也。故曰，域民不以封疆之界，固国不以山溪之险，威天下不以兵革之利。得道者多助，失道者寡助。寡助之至，亲戚畔之。多助之至，天下顺之。以天下之所顺，攻亲戚之所畔，故君子有不战，战必胜矣。

（1）解释下列加点的词语。

①委而去之（委：　　　）（去：　　　）

②亲戚畔之（畔：　　　）

（2）下面"以"字的用法，不相同的一项是（　　　）

A. 固国不以山溪之险

B. 以天下之所顺

C. 寡人以五百里之地易安陵

D. 属予作文以记之

（3）请用"/"标出下面语句的朗读节奏。

威天下不以兵革之利。

（4）翻译下列句子。

①城非不高也，池非不深也。

译文：_____

②多助之至，天下顺之。

译文：_____

（5）"人和"在文中的含义是什么？请你结合历史或现实，再举出一个相关的事例。

答：含义：_____

事例：_____

_____

9.（2009·中考山东省临沂卷）阅读下面［甲］、［乙］两段文言文，做以下（1）—（4）题。

［甲］天时不如地利，地利不如人和。三里之城，七里之郭，环而攻之而不胜；夫环而攻之，必有得天时者矣，然而不胜者，是天时不如地利也。城非不高也，池非不深也，兵革非不坚利也，米粟非不多也，委而去之，是地利不如人和也。故曰，域民不以封疆之界，固国不以山溪之险，威天下不以兵革之利。得道者多助，失道者寡助；寡助之至，亲戚畔之；多助之至，天下顺之。以天下之所顺，攻亲戚之所畔，故君子有不战，战必胜矣。

——选自《〈孟子〉两章》

[乙]子贡问政。子曰:"足食,足兵,民信之矣。"子贡曰:"必不得已而去,于斯三者何先?"曰:"去兵。"子贡曰:"必不得已而去,于斯二者何先?"曰:"去食。自古皆有死,民无信不立。"

——选自《论语》

(1)解释文中加点的字。

①兵革非不坚利也　　　兵(　　)

②域民不以封疆之界　　域(　　)

③足兵　　　　　　　　兵(　　)

④民信之矣　　　　　　信(　　)

(2)将下列句子译成现代汉语。

①故君子有不战,战必胜矣。

译文:_____

_____

②自古皆有死,民无信不立。

译文:_____

_____

(3)[甲]文中提出的中心论点是什么?[乙]文重点强调的观点是什么?

答:_____

_____

（4）你认为［甲］［乙］两文重点强调的内容有什么关系？

答：_____

_____

参考答案

1. （1）① 通"增"，增加 ② 犯错误 ③ 于是，就 ④ 因此，所以

（2）① 心意困苦，思虑阻塞，然后才能奋起（奋发创造）。

②《诗》三百篇，大多是圣人贤士为发泄（抒发）愤懑（愤怒）而写的作品（创作的）。

（3）于是卒述陶唐以来／至于麟止／自黄帝始。

（4）① 在国内有坚守法度的大臣和足以辅佐君王的贤士；在国外有足以与之匹敌的邻国和来自外国的祸患。② C

（5）生于忧患（或忧愁祸害足以使人生存）。

2. （1）A. 放弃。B. 通"叛"，背叛。

（2）C

（3）所以君子不战则已，战就一定胜利。

（4）天时不如地利，地利不如人和。

3. （1）A

（2）D

（3）C

（4）① 施行仁政的国君，帮助他的人很多；不施行仁政的国君，帮助他的人很少。（或：施行仁政的国君，有很多人帮助他；不施行仁政的国君，很少有人帮助他。）

② 用天下归顺的力量，去攻打连父母兄弟都要背叛的国君。所以施行仁政的国君不打仗则已，如果打仗就一定能取得胜利。

③（在）国内如果没有有法度的大臣和能够辅佐君主的贤士，（在）国外如果没有敌对的国家和外在的忧患，这样的国家常常会灭亡。

4.（1）① 至：极点。② 畔：同"叛"，背叛。③ 所恶：所厌恶的东西（事情）。④ 走：跑。

（2）句子：故君子有不战，战必胜矣。翻译：所以君子不战则已，战就一定胜利。

（3）民之归仁也，犹水之就下，兽之走圹也。

（4）得道者多助，失道者寡助。寡助之至，亲戚畔之。

（5）不一样。［甲］文所说的"道"，指的是统治者施行的"仁政"；［乙］文所说的"道"，指的是统治者得天下的方法、途径。

5.（1）A. 选拔　B. 这　C. 通"横"，堵塞　D. 指在国外

（2）① 使他经受饥饿之苦。② 一个人常犯错误，然后才能改正。

（3）入则无法家拂士，出则无敌国外患。

6.（1）① 池：护城河。② 兵革：武器装备。兵，兵器。革，甲胄，用以护身的盔甲之类。③ 委：放弃，丢下。

（2）帮助他的人少到了极点，兄弟骨肉（或内外亲属）也会

背叛他。

（3）能联系现实，言之有理，文从句顺即可。

7.（1）A

（2）天时不如地利，地利不如人和。得道者多助，失道者寡助。

（3）使人民定居下来而不迁到别的地方去，不能靠划定的边疆的界限；巩固国防不能靠山河的险要。

8.（1）①委：放弃　去：离开　②畔：通"叛"，背叛

（2）D（D项"以"为连词，表目的，相当于"来"；其余各项"以"字均为介词）

（3）威天下 / 不以 / 兵革之利

（4）①城墙并不是不高啊，护城河并不是不深啊。②帮助他的人多到了极点，天下的人就会归顺他。

（5）含义：人心所向、内部团结。

相关事例如：①抗日战争时期，全国人民紧密团结，经过艰苦奋战，终于取得抗战胜利。②1998年我国军民团结，取得抗洪救灾的胜利。③2003年，我们万众一心，战胜"非典"。④2008年全国人民众志成城，抗击冰冻灾害。⑤汶川大地震，13亿中国人手牵手，心连心，共克时艰。

（能举类似一例即可）

9.（1）①兵器　②限制（答"疆界"也算对）　③军备（军队）
④信任，信用

（2）①所以君子不战则已，战就一定能胜利。②从古到今，人都有一死，（如果）不取信于民，国家就无以立足。

（3）天时不如地利，地利不如人和（或得道多助，失道寡助）

民无信不立（或自古皆有死，民无信不立）

（4）［甲］文重点强调的"人和"（"得道"）与［乙］文重点
强调的"民信"（"取信于民"），二者有密切的相关性。"民
信"（"取信于民"）是"人和"（"得道"）的重要条件（或
"内容"）之一。

作文素材

名言警句

1.老吾老，以及人之老；幼吾幼，以及人之幼。

（《孟子·梁惠王上》）

赏析

　　敬爱自己的老人，爱护自己的孩子，这是人之常情。如果能从这一点出发，对待别人的老人和孩子，像对待自己的老人和孩子一样，那么，我们就将自己的爱施与了社会，也迈出了成为道德高尚的人的第一步。

2.乐民之乐者，民亦乐其乐；忧民之忧者，民亦忧其忧。乐以天下，忧以天下，然而不王者，未之有也。

（《孟子·梁惠王下》）

赏析

　　老百姓是最懂得感恩的，执政者的每一个善举，都会得到老百姓的衷心拥护。正如电视剧《宰相刘罗锅》主题歌所言:"天地之间有杆秤,那秤砣是老百姓。""乐以天下,忧以天下"这也使我们想到范仲淹的"先天下之忧而忧,后天下之乐而乐"。不过,从"乐以天下,忧以天下"的与民同乐同忧,到"先"天下之忧而忧,"后"天下之乐而乐,的确注入了更为强烈的使命感和自我牺牲精神,而且,也更具有一种浓厚的悲剧意识。所以,它能更为激动人心地为人们所传诵。

3.我知言,我善养吾浩然之气。

(《孟子·公孙丑上》)

赏析

浩然之气,至大至刚,是布满正义、布满仁义道德的正气、骨气。它是由积累正义而产生的,不是偶然的正义行为就能得到,是一种内心下的正义所支配的勇气。这浩然之气,养在司马迁的《史记》里,养在岳飞的《满江红》里,养在文天祥的《正气歌》里,养在于谦的《石灰吟》里,养出了中华民族的脊梁。

4.天时不如地利，地利不如人和。

（《孟子·公孙丑下》）

赏析

中国最讲求"天时地利人和"，得到众人的拥护成了每个人的要求。几千年传承下来，这"和"却慢慢变了味，学习中有同学吵闹影响了学习，为了求"和"，不阻止；工作中有同事影响了工作进度，为了求"和"，不吱声；……"和"成了"讲面子""拉关系"。错矣！这样的"和"只能是利益的暂时一致，永远做不到人心的团结。

5.得道者多助，失道者寡助。寡助之至，亲戚畔之；多助之至，天下顺之。

（《孟子·公孙丑下》）

孟子所说的"道",是推行仁义、施行仁政之道。为了强调仁政之道的重大作用,孟子接连运用对比,直接点出了"得道"与"失道"在结果上的区别——"天下顺之"和"亲戚畔之",具有强大的说服力。这句话也成了后世儒生用来游说君王的重要法宝。

6.孟子曰:"富贵不能淫,贫贱不能移,威武不能屈。此之谓大丈夫。"

(《孟子·滕文公下》)

赏析

面对贫穷的折磨、暴力的威胁和富贵的引诱,孟子的这句名言,闪耀着思想和人格力量的光辉,在历史上曾鼓励了不少志士仁人,成为他们不畏强暴、坚持正义的座右铭。直到今天,当我们读这段书的时候,仿佛仍然可以听到他那金声玉振的声音。

7.穷则独善其身，达则兼善天下。

（《孟子·尽心上》）

（赏）（析）

　　当你穷困不得志时，它以"独善其身"的清高抚慰着你那一颗失落的心；当你飞黄腾达之时，它又以"兼善天下"的豪情为你心安理得地做官提供着坚实的心理基础。因此，无论你穷与达，它都是一剂绝对见效的心理良药，是知识分子战无不胜的思想武器与法宝。

8.不以规矩，不能成方员（圆）。

（《孟子·离娄上》）

（赏）（析）

　　规和矩原是画圆形和方形的仪器，随着这句话，"规矩"这个词就成了"规则"的意思。孟子在这一句话中，强调了规则的重要性。这个规则，既是指相应的刑罚，也是做人应有的原则。大到一个国家，小到一个集体，都要有相应的规章制度和社会道德，来约束人们的行为。违背了它，则国将不国，家将不家了。一个人也是这样，没有了坚定的原则，只能是"墙头草，随风倒"。

9.大人者，不失其赤子之心者也。

（《孟子·离娄下》）

赏 析

孟子认为人性本善，所以寻求人的道德，要寻求从先天带来的本真。在后天将这种本真加以引导，不使思想、行为变坏，就成为了君子。

10.爱人者人恒爱之，敬人者人恒敬之。

（《孟子·离娄上》）

赏析

这句话阐述了个人与社会的关系。要想赢得别人的尊重，首先就要去尊重别人，这种尊重，应该是发自本心的，非功利主义的。如果一个人将这种尊重着眼于具体的某人某事中，时常惦念：我给某人帮了忙，某人为什么没有给我帮忙？这样的结果，多数是"爱人者人难爱之，敬人者人难敬之"。

---

11. 鱼，我所欲也。熊掌，亦我所欲也。二者不可得兼，舍鱼而取熊掌者也。生，亦我所欲也。义亦我所欲也。二者不可得兼，舍生而取义者也。

（《孟子·告子上》）

赏析

在"鱼"和"熊掌"的价值选取对比中，人们倾向于价值高的熊掌。以此譬喻，在"生"和"义"的对比中，孟子毫不犹豫地选择了"义"。因为人的一生中，"义"比活着更为重要。"孔曰成仁，孟曰取义"，孟子"舍生取义"成为千古传诵的名言，成为中华民族志士仁人高尚的价值取向。

12.故天将降大任于是人也，必先苦其心志，劳其筋骨，饿其体肤，空乏其身，行拂乱其所为，所以动心忍性，曾益其所不能。

（《孟子·告子下》）

赏析

"天将降大任"的使命感，"动心忍性"的苦难观，"曾益其所不能"的成功感，这一句话，激励了多少身处穷困中的人以坚强的意志走出困境，走向成功。

13.民为贵，社稷次之，君为轻。

（《孟子·尽心下》）

赏析

孟子的这句话是其民本主义的集中体现。民众是天下国家的根本，民众决定国家的安危，天子、国君和大夫要按照民众的意愿办事。这句话承认了人民大众在历史上的决定作用。

---

14. 君子有三乐，而王天下不与存焉。父母俱在，兄弟无故，一乐也；仰不愧于天，俯不怍于人，二乐也；得天下英才而教育之，三乐也。

（《孟子·尽心上》）

赏析

第一乐，是家庭之乐，人情之乐；第二乐，是自身之乐，道德之乐；第三乐，则是奉献之乐。人有自我需要的满足，有社会尊重的满足，尽现于此矣！

---

15. 一日暴（pù，同"曝"）之，十日寒之，未有能生者也。

（《孟子·告子上》）

赏析

"三天打鱼，两天晒网"，努力少，荒废多，做事不会成功。因此，做事贵在坚持，贵在有恒心。"一曝十寒"就比喻学习或工作一时勤奋，一时又懒散，没有恒心，是不会成功的。

16.出乎尔者，反乎尔者也。

（《孟子·梁惠王下》）

赏析

出乎尔者，反乎尔者。也就是"一报还一报"，近于以其人之道还治其人之身的意思。但后世演变为成语"出尔反尔"，则成了言行前后矛盾，此一时，彼一时，反复无常的意思了。

图书在版编目（CIP）数据

论语　孟子·精解速读 / 黄姝导读. —北京：中国国际广播
出版社，2017.9

（新课标必读名著名师备考丛书 / 董一菲主编）

ISBN 978-7-5078-4042-1

Ⅰ. ①论…　　Ⅱ. ①黄…　　Ⅲ. ①儒家　　Ⅳ. ①B222

中国版本图书馆CIP数据核字（2017）第155043号

论语　孟子·精解速读

导　　读	黄　姝
主　　编	董一菲
执行主编	张金波
策划编辑	张娟平
责任编辑	笑学婧
版式设计	章　剑
责任校对	徐秀英

出版发行	中国国际广播出版社 ［010-83139469　010-83139489（传真）］
社　　址	北京市西城区天宁寺前街2号北院A座一层
	邮编：100055
网　　址	www.chirp.com.cn
经　　销	新华书店
印　　刷	环球东方（北京）印务有限公司

开　　本	880×1230　1/32
字　　数	70千字
印　　张	8
版　　次	2017 年 9 月　北京第一版
印　　次	2017 年 9 月　第一次印刷
定　　价	19.90元

CRI
中国国际广播出版社

欢迎关注本社新浪官方微博
官方网站 www.chirp.cn

版权所有
盗版必究